ひとりだちするための国語ガイド

子どもたちの自立を支援する会 編集

本書は、『**ひとりだちするための国語**』（小社刊）の指導用解説書です。書籍の流れに沿って、指導のポイント・ヒントを丁寧に解説しています。教え方の工夫や、ねらいを持った指導の参考に役立てて下さい。

また、目標と指導計画を入れた授業例を掲載しているので、実際の授業計画にも活用できます。発展問題やレベルアップのためのワンポイントアドバイスにより、さらに学習意欲を高めることもできるでしょう。

Index

目次

漢字学習コーナーの取り扱いについて

　このテキストの漢字学習コーナーでは、漢字の読み書きに関心を持つことを中心に取り組むように進めてください。漢字練習を過度に課したり、ドリル的に扱うことはできるだけ避けてください。

　漢字の成り立ちを知ること、漢字にはいろいろな読み方があることを知ること、手紙や日記を書くときに生かせること、読書や買い物の際に生かせるなどをねらいとして進めるようにするといいですね。

進め方の事例（25ページ）

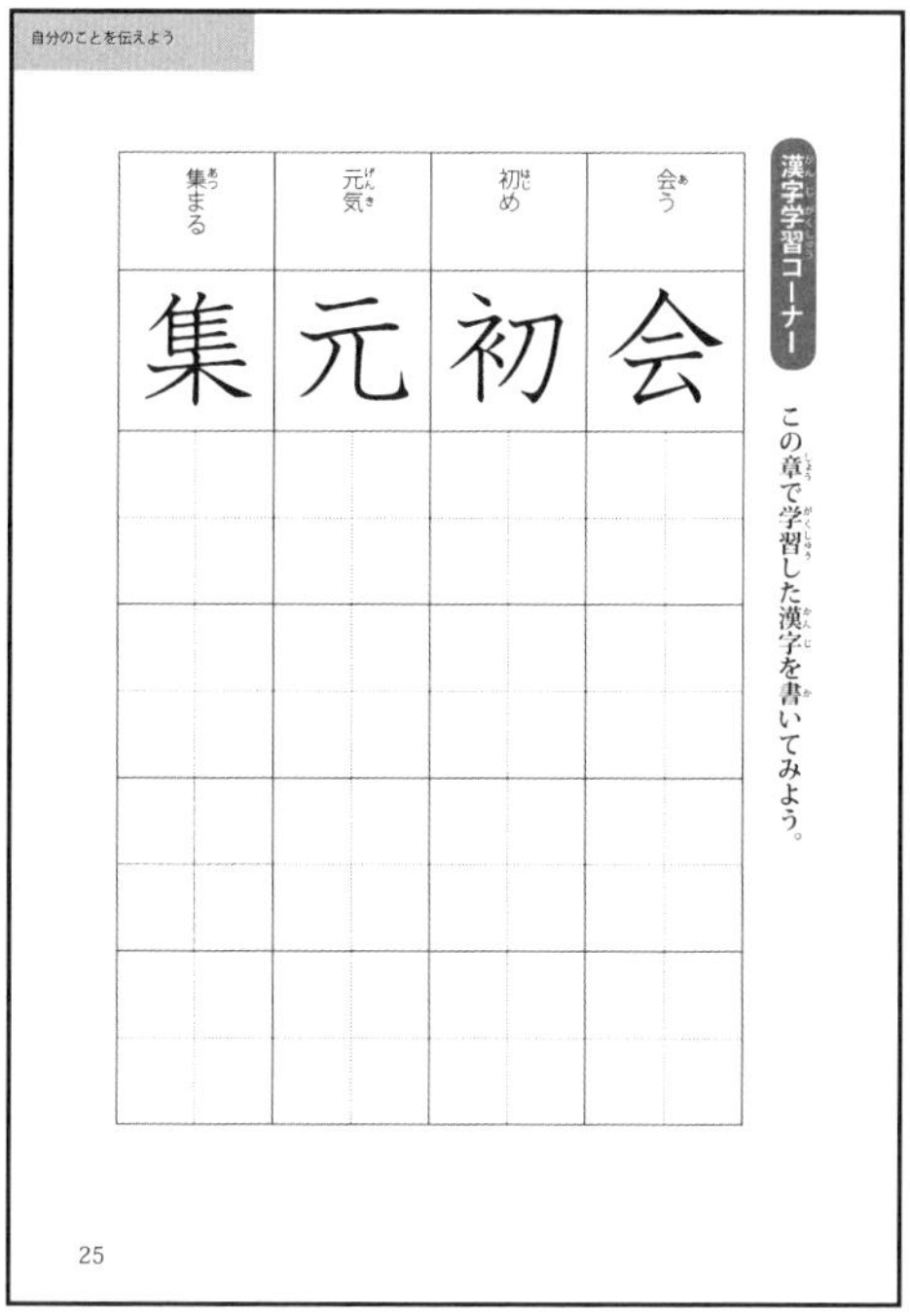
自分のことを伝えよう

漢字《かんじ》学習《がくしゅう》コーナー

この章《しょう》で学習《がくしゅう》した漢字《かんじ》を書《か》いてみよう。

会《あ》う	初《はじ》め	元気《げんき》	集《あつ》まる
会	初	元	集

25

①四つの漢字の書き順を調べて書いてみよう。

②四つの漢字の別の読み方を調べてみよう。

③学校生活や日常生活の中でどんな時に使われているか調べてみよう。

〈例〉

会《あ》う→会《かい》　朝の会《かい》、帰りの会《かい》、運動会《かい》、音楽会《かい》、お楽しみ会《かい》

集《あつ》まる→集《しゅう》　集《しゅう》金、集《しゅう》合、歌集《しゅう》、問題集《しゅう》

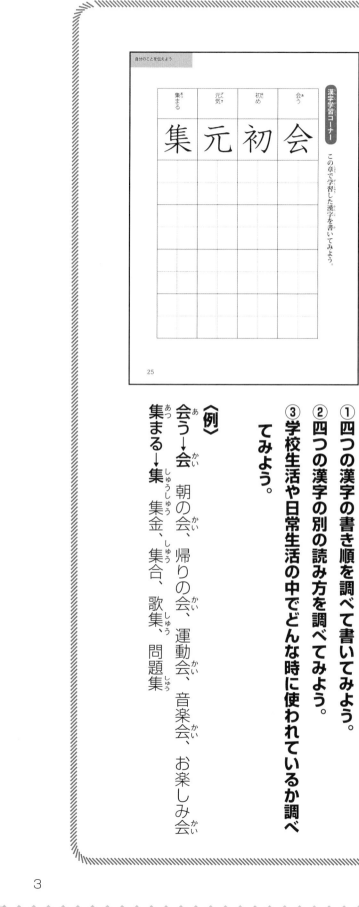

基礎を学ぼう

第一章　自分のことを伝えよう

1 あいさつの仕方を覚えよう

P.6 ～ P.9

指導のポイント

この単元では、社会生活を営んでいくために必要な望ましい習慣や態度を身に付け、円滑なコミュニケーション能力を、養い高めることを学習します。

ここでは学習したことを覚えるだけでなく、日々の学校生活や家庭生活、現場実習等の場面で実践していけるように指導することが重要となります。

学習したことが、いろいろな場面で実践できることで達成感が得られ、より積極的にコミュニケーションを図ろうとする意欲が生まれます。

ヒント

P.6〜P.9

◎**『あいさつのオアシス』**については、国語の授業だけではなく、日常生活学習の中で定着を図っていくことが効果的です。

また、**『ていねいな言葉（敬語）を知ろう』**については、特に来客があった時や実習、買い物の場面で意識して使用できるように助言していきましょう。

7ページの模範回答

○登校して、先生や友だちに会ったとき ⬇ おはよう・おはようございます

○お昼ごろ知っているひとに会ったとき ⬇ こんにちは

○夜知っている人に会ったとき ⬇ こんばんは

○夜寝るとき ⬇ おやすみ・おやすみなさい

○人と別れるとき ⬇ さようなら・それではまた・おつかれさまでした

○初めて会った人へのあいさつ ⬇ はじめまして

《レベルアップのためのワンポイントアドバイス》

★笑顔で、明るいあいさつをしましょう。

⬇**相手の顔をしっかり見て**あいさつをするようにしましょう。

★相手との距離が遠かったり、静かな場所では、頭を下げるだけにしましょう。

⬇このような仕方を**会釈**《えしゃく》といいます。

★自分の家族や親戚の呼び方を知っているといいですね。

おじいさん⬇　祖父　　おばあさん⬇　祖母　　おじいさんとおばあさん⬇　祖父母

おじさん　⬇　叔父　　おばさん　⬇　叔母　　おとおさんとおかあさん⬇　両親

授業例

◆目標

・あいさつの仕方を身に付け、いろいろな人に積極的に関わろうとする意欲を育てる。
・場面に応じたあいさつや言葉づかいができるようにする。

◆指導計画

学習活動	指導の手立て
①どうしてあいさつをするのか考えてみよう。	●今までの経験から、自分からあいさつをしたり、人からあいさつをされたときにどんなことを感じたかを発表する。 ●あいさつの「オアシス」を提示し、あいさつすることによって円滑なコミュニケーションがとれることを確認する。
②場に合ったあいさつの仕方を考えてみよう。	●7ページ前半の「場に合ったあいさつの仕方」を一つずつ確認する。 ●7ページ後半の六つの場面のあいさつの言葉をロールプレイをしながら考えていくように進める。 ●7ページ以外の場面を提示し、どんな言葉を使ったらよいのかを考え、あいさつの幅が広がるように進めていく。（本書9ページの発展問題を活用するとよい）
③ていねいな言葉（敬語）を知り、使えるようにしよう。	●テキストに示された以外の場面も提示することにより、ていねいな言い方の幅が広がるように進めて行く。

発展問題

◎次のような場面では、どのような言葉づかいをしたらよいでしょうか。

①バスに乗ろうとしているときに手さげ袋を落とし、それを知らない大人が拾ってくれたとき。

②ろうかを歩いていて、友だちにぶつかってしまったとき。

③家にいらっしゃったお客さんから、おこづかいやおみやげをもらったとき。

④いっしょに取り組んでいた、たいへんな仕事が終わったとき。

⑤初めて会った人に名前をたずねるとき。

模範回答

①ありがとうございます。　ありがとうございました。　すみません。

②すみません。　ごめんなさい。　失礼しました。

③ありがとうございます。　ありがとうございました。

④ご苦労様でした。　お疲れ様でした。

⑤お名前を教えていただけますか。　お名前を教えてください。

2 自分のことを伝えよう

P.10〜P.18

指導のポイント

この単元では、日常の学校生活や社会生活を送っていく際に、出会う人たちや友だちとの会話を円滑に進めていくために、自分のことをわかりやすく伝える方法を学習します。

ここでは、前単元で学習した「あいさつ」と同様に、様々な場面で実践していけるように指導することがポイントとなります。そして、最終的には進学や就労の際の面接に自信を持って臨めるような力をつけることが大切です。

ヒント

P.10〜P.18

◎「自分のことを話してごらん。」と言われても、自分の名前は言えてもその他のことを順序よく簡潔に説明することが、なかなかうまくいかないことがあります。そこで、**《自分さがしメモ》**に記入することによって、自分のことをしっかりと伝えられるように助言していきましょう。

《レベルアップのためのワンポイントアドバイス》

★例示のように、《自分さがしメモ》を作成するだけでなく、新たに次のような点も入れると、より具体的な内容になります。

名前《なまえ》	高橋優子《たかはしゆうこ》	
生年月日《せいねんがっぴ》	平成八年九月七日《へいせいはちねんくがつなのか》	西暦○○年で表現してもよい
住所《じゅうしょ》	埼玉県《さいたまけん》さいたま市《し》	正確な住所○○町■■番地を入れるとよい
家族構成《かぞくこうせい》	五人家族《ごにんかぞく》	父・母、兄、姉、自分のように具体的に入れるとよい
出身校《しゅっしんこう》	さいたま市立《しりつ》○○中学校《ちゅうがっこう》	幼稚園、保育園、小学校を入れるとよい
好《す》きな学習《がくしゅう》	音楽《おんがく》、体育《たいいく》	
趣味《しゅみ》	音楽《おんがく》を聴《き》くこと	より詳しく書けるとよい
長所《ちょうしょ》	落《お》ち着《つ》いて勉強《べんきょう》できる、明《あか》るく元気《げんき》	短所も書けるとよい
その他《た》	幼稚園《ようちえん》の頃《ころ》からピアノを習《なら》っている、犬《いぬ》を飼《か》っている	

★より具体的で詳しい《自分さがしメモ》を作成することで、実際の自己紹介に活かすことができます。

★自己紹介を自信を持って行えるように、より多くの機会を設定することが大切になります。まずは隣の座席の友だちと、次に同じグループの友だちと、その次は同じクラスと友だちと、そして隣のクラスと友だちと、のように**徐々に範囲を広げていくように学習を進めてくとよい**と思います。

★学年や学級のレクリエーションや学校行事の中で、**ゲーム化して楽しく自己紹介を取り入れることも考えられます。**

13ページの
「自己紹介で気をつけること」

自己紹介《じこしょうかい》で気《き》をつけること

①短《みじか》い言葉《ことば》で分《わ》かりやすく話《はな》す。
②相手《あいて》の顔《かお》を見《み》て話《はな》す。
③はっきりとした声《こえ》で話《はな》す。
④大《おお》きい声《こえ》で話《はな》す。
⑤ていねいな話《はな》し方《かた》で話《はな》す。
⑥話《はな》すことが苦手《にがて》な場合《ばあい》は、自分《じぶん》さがしメモを活用《かつよう》する。

★13ページに示されている『**自己紹介で気をつけること**』については、この六点をすべて目標とするのではなく、**生徒一人一人の実態に応じて目標を設定するように配慮することが大切です。**

★15ページの枠を作成するときは、《自分さがしメモ》を参考にして、**話し言葉で表現する**ようにしましょう。

★面接の練習を行う場合は、17ページの例と同じような質問項目にしたがって取り組んでみましょう。また、**面接の際には特に態度や言葉づかいが大切である**ということを助言しましょう。

17ページの面接の質問項目

質問者《しつもんしゃ》：どうぞ。お座《すわ》りください。
生《せい》 徒《と》：失礼《しつれい》します。
質問者《しつもんしゃ》：これからいくつか質問《しつもん》をするので答えてください。
生《せい》 徒《と》：はい。わかりました。
質問者《しつもんしゃ》：学校名《がっこうめい》と自分《じぶん》の名前《なまえ》を教《おし》えてください。
生《せい》 徒《と》：○○特別支援学校《とくべつしえんがっこう》から来《き》ました高橋優子《たかはしゆうこ》です。よろしくお願《ねが》いします。
質問者《しつもんしゃ》：あなたの住所《じゅうしょ》を教《おし》えてください。
生《せい》 徒《と》：さいたま市《し》□□区《く》○○町《ちょう》△△番地《ばんち》です。
質問者《しつもんしゃ》：あなたは何人家族《なんにんかぞく》ですか。
生《せい》 徒《と》：父《ちち》、母《はは》、姉《あね》、弟《おとうと》、私《わたくし》の五人家族《ごにんかぞく》です。
質問者《しつもんしゃ》：今日《きょう》は、どのようにしてここまで来《き》ましたか。
生《せい》 徒《と》：家《いえ》から★★駅《えき》まで歩《ある》き、◇◇バスでここまで来《き》ました。
質問者《しつもんしゃ》：どうしてこの会社《かいしゃ》を希望《きぼう》したのですか。
生《せい》 徒《と》：◎◎会社《かいしゃ》の仕事《しごと》は、細《こま》かい物《もの》を作《つく》っているので、私《わたくし》に向《む》いていると思《おも》いました。

授業例

◆目標

・自己紹介の仕方を身に付け、いろいろな人と円滑なコミュニケーションが図れるようにする。
・自己紹介の経験を重ね、現場実習や就職の際の面接に生かすことができるようにする。

◆指導計画

学習活動	指導の手立て
①自分のことを知ろう。	●自分のことを知るためには、八つのポイントに従ってまとめていくとわかりやすいことを助言する。 ●八つのポイントについて、「自分さがしメモ」に記入することのよさを知らせる。 ●八つのポイントに該当しないことは、その他の欄に記入すると効果的であることを助言する。
②「自分さがしメモ」を作成しよう。	●前時に学習したことを生かして、実際に「自分さがしメモ」の作成するように助言する。 ●記入に戸惑っている生徒には個別に話しながら進めていくようにする。

③自己紹介をしよう。	●最初は「自分さがしメモ」を見ながら、個々に練習するように助言する。 ●実態に応じて、いろいろな場面で自己紹介する場面を設定する。 ●自信のない生徒には、15ページの枠の中に話し言葉で記入して活用するように助言する。
④学校以外での自己紹介について考えよう。	●学校以外での自己紹介は、どんな場面があるのかを考えさせる。 ●学校以外での自己紹介の際に気をつけることを確認させる。
⑤面接の仕方を知ろう。	●17、18ページの例に従って、二人組で練習することを助言する。 ●一人一人の実態に応じて、質問内容を変えながら実際に面接練習に取り組むようにする。
⑥○○先生と面接練習をしよう。	●担任や教科担当者以外の教員の協力を得て、面接の雰囲気に慣れるように配慮する。

発展問題

◎面接をするときにふさわしいことには○を、ふさわしくないことには×を（　）に書きましょう。

①質問に対しては、「はい。」「いいえ。」で答える。（　）
②うまく答えられそうでないので、話すことをやめる。（　）
③話す内容を忘れてしまいそうなので、できるだけ急いで話す。（　）
④話がしっかりと伝わるように、伝える相手の顔を見ながら話す。（　）
⑤自分の話す時間になったので、急いで面接の部屋に入る。（　）

回答と解説

①○…質問に対しては簡潔に話せるといいですね。
②×…話すことを急にやめてしまうことはやめましょう。自信のないときは、「すみません。うまく答えられません。」と正直に話しましょう。
③×…焦ってはいけません。落ち着いてゆっくり、はっきりと話すようにしましょう。
④○…相手の顔を見るだけでなく、時々笑顔で話すことによって緊張感がほぐれ、ゆとりを持てるようになります。
⑤×…ここでも焦りは禁物です。入室の際には、入口でしっかりノックをし、「どうぞお入りください。」と言われてから行動するようにしましょう。

3 電話の使い方を覚えよう

P.19〜P.24

指導のポイント

私たちが過ごしている現代社会では、通信網が著しく発展し、家庭の固定電話だけでなく、携帯電話を持つ人が急激に増加しています。

とても便利になった反面、使い方によっては本人はもとより、いろいろな人に大きな迷惑をかけてしまう恐れがあります。

そこでこの単元では、**《電話の使い方のマナー》《場面に応じた電話の応対の仕方》**について学習し日常生活を豊かに送れるように指導を進めていくことが重要になります。

ヒント

P.19〜P.24

◎これまで学習してきた、『**あいさつの仕方**』『**ていねいな言葉づかい（敬語）**』『**自己紹介**』『**面接の仕方**』の総まとめとなるのが**電話の使い方**の学習です。**既習の学習内容を効果的に活用する**とさらにコミュニケーション能力の向上につながります。

《レベルアップのためのワンポイントアドバイス》

3 電話《でんわ》の使《つか》い方《かた》を覚《おぼ》えよう

電話《でんわ》はとても便利《べんり》なものです。そして私《わたくし》たちが生活《せいかつ》をしていく上《うえ》で欠《か》かすことのできないものです。しかし使《つか》い方《かた》によっては、相手《あいて》にとても迷惑《めいわく》をかけてしまいます。

ここでは、正《ただ》しい電話《でんわ》の使《つか》い方《かた》について学習《がくしゅう》しましょう。

電話《でんわ》のマナーについて考《かんが》えてみましょう

電話《でんわ》は使《つか》い方《かた》を間違えると相手《あいて》に迷惑《めいわく》をかけてしまいます。次《つぎ》のようなことに気《き》をつけて気持《きも》ちのよい使《つか》い方《かた》を心《こころ》がけましょう。

○話《はなし》をしている人《ひと》の名前《なまえ》を確《たし》かめましょう。
○自分《じぶん》の言《い》いたいことを一方的《いっぽうてき》に話《はな》さないようにしましょう。
○相手《あいて》の話《はなし》を最後《さいご》までしっかりと聞《き》くようにしましょう。
○大切《たいせつ》なことをしっかりとメモするようにしましょう。
○ていねいな言葉《ことば》づかいをしましょう。

○間違《まちが》い電話《でんわ》をしてしまったときは、「間違《まちが》えて申《もう》し訳《わけ》ありませんでした。」と言《い》ってから電話《でんわ》を切《き》るようにしましょう。
○電話《でんわ》を切《き》る時《とき》は、「失礼《しつれい》します。」や「ありがとうございました。」「さようなら。」と言《い》うようにしましょう。
○携帯電話《けいたいでんわ》は病院《びょういん》や乗《の》り物《もの》の中《なか》では電源《でんげん》を切《き》るようにしましょう。また、人《ひと》が多《おお》く集《あつ》まる所《ところ》や静《しず》かな場所《ばしょ》では電源《でんげん》を切《き》るかマナーモードにしましょう。

電話《でんわ》がかかってきた時《とき》の応対《おうたい》の仕方《しかた》を練習《れんしゅう》しましょう

あなたが留守番《るすばん》をしていたらお昼《ひる》ぐらいに、デパートから電話《でんわ》がかかってきました。その時《とき》の応対《おうたい》の仕方《しかた》を練習《れんしゅう》してみましょう。

★19、20ページの『**電話のマナーについて考えてみましょう**』八つの点がそれぞれ、《電話で自分が話すとき》《電話で相手の話を聞くとき》《話すときと聞くとき両方》**のどの項目に該当するかを整理して確認する**ようにしましょう。

自分が話をするとき	
相手の話を聞くとき	
話すときと聞くとき	

★自信を持って電話の応対が行えるように、自己紹介のときと同様に学習を進めていくことが大切になります。また、留守番をしていて電話に出て伝言を頼まれたときにメモをする習慣を身に付けるために、22ページを活用して学習を進めていきましょう。

★23ページのケースは、**日常の登校の際や将来職場への出勤の際に必要となるので練習を重ねて身に付けておきましょう。**

★**メール、LINE、ファックス**などの電話以外のやりとりについても取り上げ、**トラブルにならない連絡の仕方**についても学習しましょう。

23ページの電話のケース

学校《がっこう》の先生《せんせい》：「はい、○○特別支援学校《とくべつしえんがっこう》です。」

自《じ》分《ぶん》：「二年一組《にねんいちくみ》の高橋《たかはし》です。担任《たんにん》の小川先生《おがわせんせい》はいらっしゃいますか。」

学校《がっこう》の先生《せんせい》：「はい。代《か》わるので少《すこ》し待《ま》ってください。」

自《じ》分《ぶん》：「はい。わかりました。」

小《お》川先生《がわせんせい》：「高橋《たかはし》さんですね。どうしましたか。」

自《じ》分《ぶん》：「いまバスを待《ま》っているのですが、交通渋滞《こうつうじゅうたい》で遅《おく》れています。登校時刻《とうこうじこく》に間《ま》に合《あ》いそうもないので連絡《れんらく》しました。」

小《お》川先生《がわせんせい》：「わかりました。遅刻《ちこく》してもかまいませんから、気《き》をつけてあわてずに登校《とうこう》してくださいね。」

自《じ》分《ぶん》：「わかりました。ありがとうございました。」

授業例

◆目標

・電話の使い方を身に付け、いろいろな人と円滑なコミュニケーションを図れるようにする。
・電話でのやりとりの経験を重ね、現場実習や就職の際の面接に生かすことができるようにする。

◆指導計画

学習活動	指導の手立て
①電話をするときには、どんなことに気をつけたらよいのかを考えてみよう。	●望ましい電話の使い方をするには、八つの点について気をつけることが大切であることを知らせる。 ●八つの点は、どんな場面で大切なのかを考えさせるように学習を進めるようにする。 ●八つの点以外にも気をつけなければならないことはないかを考えさせるようにする。
②電話がかかってきた時の応対の仕方を学習しよう。	●前例で示された場面について、ペアやグループで応対の練習に取り組むように助言する。 ●間違いなく内容を聞き取るためには、メモを活用するとよいことを知らせる。 ●例で示された以外の場面の資料を用意し、応対する力をさらに伸ばせるように配慮する。

③遅刻をしそうな時の電話の仕方を学習しよう。

④どんな時に学校や職場に電話で連絡するのかを考えてみよう。

●自分が遅刻しそうな時、電話を使って連絡する仕方を確認する。

●ペアやグループで練習するように助言する。

●例で示された以外の場面について考え、どのように話したらよいかを考えさせるようにする。

メモ

第二章　いろいろなものを読んでみよう

1 折り込み広告を読んでみよう

2 新聞を読んでみよう読んでみよう

P.26 ～ P.30

指導のポイント

第二章の前半では、日常生活を営んでいく上で必要となる生産と消費などの経済活動に関する事項と、政治、経済、文化などの社会的事象を知るための新聞等の情報メディアに関する事項について学習します。

ここでは、日頃目にしている「折り込み広告」や「新聞」などの身近な資料を取り上げ、将来豊かな社会生活を送るためのきっかけとなるように指導を進めていくことが大切です。

ヒント

P.26
〜
P.30

第二章《だいにしょう》 いろいろなものを読《よ》んでみよう

1 折《お》り込《こ》み広告《こうこく》を読《よ》んでみよう

みなさんは、上《うえ》のような広告《こうこく》を見《み》たことがありますか。新聞《しんぶん》などに入《はい》っていますね。これを「折《お》り込《こ》み広告《こうこく》」といいます。

「折《お》り込《こ》み広告《こうこく》」は、スーパーマーケットやデパート、電《でん》器店《きてん》、ドラッグストアなどの、価格《かかく》やバーゲンセールなどについて、たくさんの人々《ひとびと》に知《し》らせるために使用《しよう》されます。

ここでは、この「折《お》り込《こ》み広告《こうこく》」からどんなことを知《し》ることができるか学習《がくしゅう》してみましょう。

26

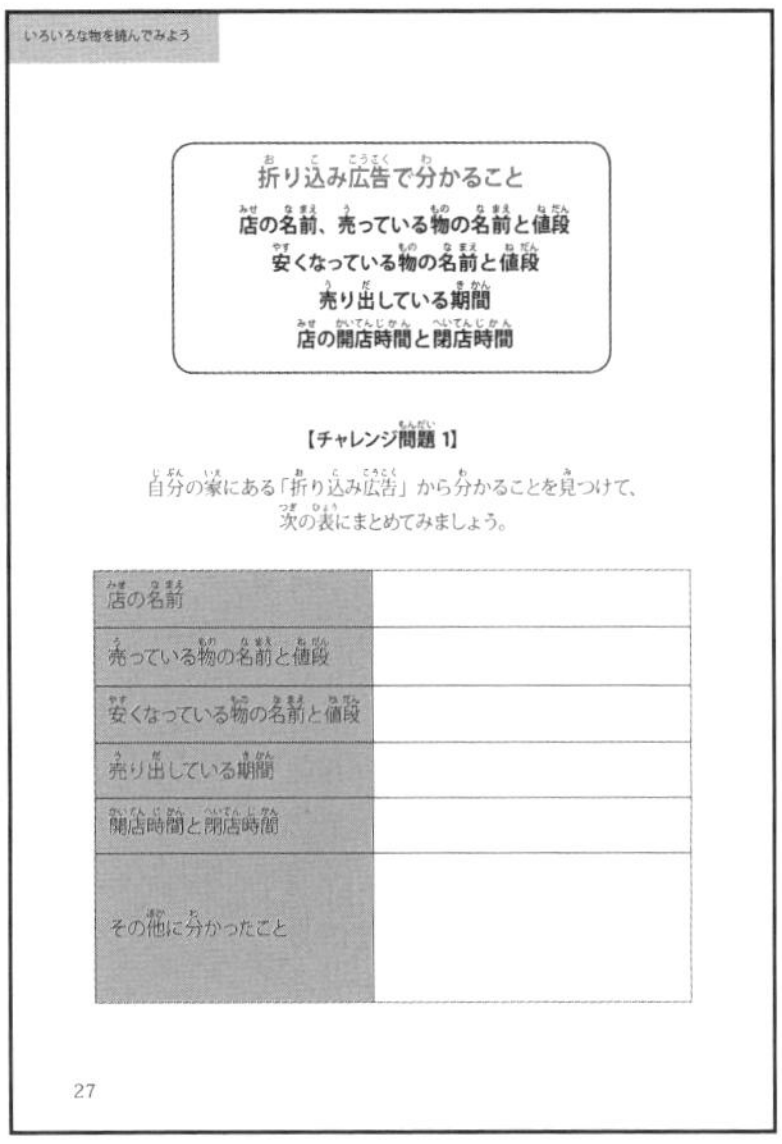

いろいろな物を読んでみよう

折《お》り込《こ》み広告《こうこく》で分《わ》かること
店《みせ》の名前《なまえ》、売《う》っている物《もの》の名前《なまえ》と値段《ねだん》
安《やす》くなっている物《もの》の名前《なまえ》と値段《ねだん》
売《う》り出《だ》している期間《きかん》
店《みせ》の開店時間《かいてんじかん》と閉店時間《へいてんじかん》

【チャレンジ問題《もんだい》 1】

自分《じぶん》の家《いえ》にある「折《お》り込《こ》み広告《こうこく》」から分《わ》かることを見《み》つけて、次《つぎ》の表《ひょう》にまとめてみましょう。

店《みせ》の名前《なまえ》	
売《う》っている物《もの》の名前《なまえ》と値段《ねだん》	
安《やす》くなっている物《もの》の名前《なまえ》と値段《ねだん》	
売《う》り出《だ》している期間《きかん》	
開店時間《かいてんじかん》と閉店時間《へいてんじかん》	
その他《ほか》に分《わ》かったこと	

27

◎ここでは、「折り込み広告」を取り上げていますが、各家庭に送られてくる「ダイレクトメール」や「商店のポスター」等を活用してもよいと思います。

◎「折り込み広告」の学習では、国語の授業だけでなく数学、総合的な学習の時間や生活単元学習、調理実習等と関連を図って取り組むと効果的です。

◎「新聞」を取り上げていますが、「パソコン」や「スマートフォン」のインターネットニュース、「テレビ」のデータ放送の記事を活用して学習を進めていくこともできます。また、自分たちに身近な、「学校だより」「学級だより」「市町村の広報誌」「公民館だより」も活用するとよいでしょう。

授業例

◆目標

・「折り込み広告」や「新聞」を活用すると、生活に必要ないろいろな情報を得られることを知る。
・自分の興味関心に応じて、いろいろな記事を活用することができるようにする。

◆指導計画

学習活動	指導の手立て
①「折り込み広告」にはどんな物があるか発表しよう。	●事前にいろいろな種類の「折り込み広告」を集めておき、それらを提示することで授業に対する興味関心を高めるきっかけとする。
②「折り込み広告」にはどんなことが書かれているのかを調べてみよう	●27ページの資料を活用し確認する。 ●次時に使用する「折り込み広告」を探しておくことを指示しておく。
③自分の用意した「折り込み広告」からわかることを表にまとめてみよう。	●「チャレンジ問題１」の表の項目に従ってまとめるように指示する。
④「折り込み広告」で分かったことを発表しよう	●「折り込み広告」の学習の経験を生かし、事前に新聞を集めておくようにする。
⑤「新聞」にはどんなことが書かれているかを調べて発表しよう。	●生徒や学級の実態に応じて、全体で発表したり、ペアやグループで発表したり柔軟に実施する。

⑥自分の家や学校にある新聞を読み、どのページにどんな記事が書かれているかを表にまとめてみよう。	●生徒の実態に応じて、個人で調べたり、ペアやグループでまとめるなど柔軟に取り組めるようにする。
⑦表にまとめたことの発表会をしよう。	●まとめ方と同様な考え方で発表を行うようにする。
⑧「社説」のことを知ろう。 「社説」を読んでみよう。	●「社説」について、テキストの説明を活用して理解させるようにする。 ●テキストの社説にルビを振り、読みやすいように配慮する。
⑨いろいろな社説を読んでみよう。	●生徒が興味関心の持てる内容の社説を事前に収集しておくようにする。

3 詩を読んでみよう
4 本を読んでみよう

P.32～P.39

指導のポイント

第二章後半では、自分の気持ちや感じたことを言葉のリズムに乗せて表現する**詩**や、いろいろな知識を得たり、自分の興味関心のあることについてたくさんの情報を得ることができる**本**について学習します。

詩や本にふれることで自分の気持ち豊かにし、社会に出てからも自分の余暇に活かすきっかけとなるように指導を進めていきましょう。

ヒント

P.32～P.39

◎ここでは二つの作品を取り上げていますが、作者の谷川俊太郎さんや金子みすゞさんの他の作品を調べて読んでみたり、他の作者の作品を調べ、その中から自分の読みたい作品を調べるとよいと思います。

◎他の作品を調べる際には、『**4 本を読んでみよう**』の《ものしりコーナー》と関連づけて取り組めると効果的です。

◎発展として、詩を読むことだけでなく、自分で詩を書くことにも挑戦できるとよいかもしれません。

《レベルアップのためのワンポイントアドバイス》

★詩の学習をさらに深めるために、**日本独特の定型詩である俳句、川柳、短歌にふれてみるのもいいですね。**

●**俳句**…五・七・五の十七音からなる。季語と呼ばれる季節を表す言葉を含まなければならない。風景や情景を題材とし、文語で表現される。

〈例〉菜の花や　月は東に　日は西に（与謝蕪村）

●**川柳**…俳句と同様に五・七・五の十七音からなる。季語は含まなくてもよい。人に関することを題材とし、口語で表現される。

〈例〉登校時　あいさつすると　気持ちよい

●**短歌**…五・七・五・七・七の三十一音からなる。俳句と同様に風景や情景を題材とする。

〈例〉隣室に　書よむ子らの　声きけば　心に沁みて　生きたかりけり（島木赤彦）

★この章の前半で学習した『**2 新聞を読んでみよう**』の発展として、いろいろな新聞に掲載されている「読書コーナー」や「書籍広告」を活用することも考えられます。

★《ものしりコーナー》に書かれている「日本十進分類」について、さらに細かく知っていると役立つことがあります。

日本十進分類法

0 総記	1 哲学	2 歴史・地理	3 社会	4 自然科学	5 工業	6 産業	7 芸術・スポーツ	8 言葉	9 文学
00 総記・情報	10 哲学一般	20 歴史	30 社会一般	40 自然科学	50 工業一般	60 産業一般	70 芸術	80 語学	90 文学
01 図書館	11 哲学	21 日本の歴史	31 政治	41 算数	51 土木・環境	61 農業	71 彫刻	81 日本語	91 日本文学
02 図書	12 東洋哲学	22 アジアの歴史	32 法律	42 物理	52 建築	62 園芸	72 絵画・書道	82 中国語・朝鮮語	92 アジア文学
03 百科事典	13 西洋哲学	23 ヨーロッパの歴史	33 経済	43 化学	53 機械	63 蚕	73 版画	83 英語	93 英米文学
04 論文集	14 心	24 アフリカの歴史	34 財政	44 天文・宇宙	54 電気	64 畜産	74 写真	84 ドイツ語	94 ドイツ文学
05 年鑑	15 道徳	25 北アメリカの歴史	35 統計	45 地球・気象	55 船	65 林業	75 工芸	85 フランス語	95 フランス文学
06 博物館	16 宗教・進和	26 南アメリカの歴史	36 社会	46 生物	56 地下資源	66 水産業	76 音楽	86 スペイン語	96 スペイン文学
07 新聞	17 神道	27 オセアニアの歴史	37 教育	47 植物	57 化学工業	67 商業	77 劇	87 イタリア語	97 イタリア文学
08 全集	18 仏教	28 電気	38 風俗・民話	48 動物	58 製造工業	68 交通	78 体育スポーツ	88 ロシア語	98 ロシア文学
09 郷土資料	19 キリスト教	29 地理	39 国防・軍事	49 体と健康	59 家庭・料理	69 通信・放送	79 レクリエーション	89 その他の言葉	99 その他の国の文学

※参照：国立国会図書館

授業例

◆目標

・詩の特長を知り、そのよさを音読することによって表現することの楽しさを経験する。
・いろいろな本に親しみ、自分の好きな種類の本を見つけることができるようにする。

◆指導計画

学習活動	指導の手立て
①「詩」のことを知ろう。	●「春に」と「みんなをすきに」の二つの作品を教師が範読し、詩のリズムの楽しさに気づくきっかけづくりとする。
②「詩」を読んでみよう。	●38ページの「朗読で気をつけること」を確認してから取り組むことを確認する。
③「詩の朗読発表会」をしよう。	●生徒や学級の実態に応じて、発表の仕方を工夫する。
＊「詩」を書くことにチャレンジしよう。	●生徒の実態に応じて書くことを取り上げてもよい。
④今までに読んだことのある「本」の題名を発表しよう。	●事前にプリントを用意し、自分の読んだことのある本を記入した上でこの学習に入れるようにしておく。
⑤「本の種類」のことを知ろう。	●《ものしりコーナー》を活用して、本の種類分けの仕方を確認するようにする。

⑥自分の好きな本や、読んだことのある本の種類を調べてみよう。

⑦これから読んでみたい本を探してみよう。

●37ページの表を活用してまとめるようにする。

●学校の図書室や公共図書館を活用して決めるように助言する。

●パンフレットや「新聞の読書コーナー」を資料として活用してもよいことを助言する。

メモ

第三章　言葉について学習しよう

21 言葉について学習しよう 辞書の使い方を知ろう

P.40 〜 P.50

指導のポイント

　第三章の前半では、生活に密着したたくさんの言葉についての理解を深めることによって、自分の思いを伝えようとする力を高めるとともに、それらを適切に活用する力を高めることができるようにすることが大切になります。

　ここでは、まず身近にあるいろいろな物の**「グループ分け」**に取り組むことによって、楽しく学習を進めていくことで意欲を高め、辞書を使ってさらに語彙を増やしていくきっかけづくりにできるように学習を進めていきましょう。

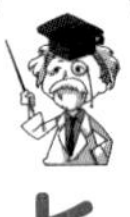

ヒント

P.41
～
P.42

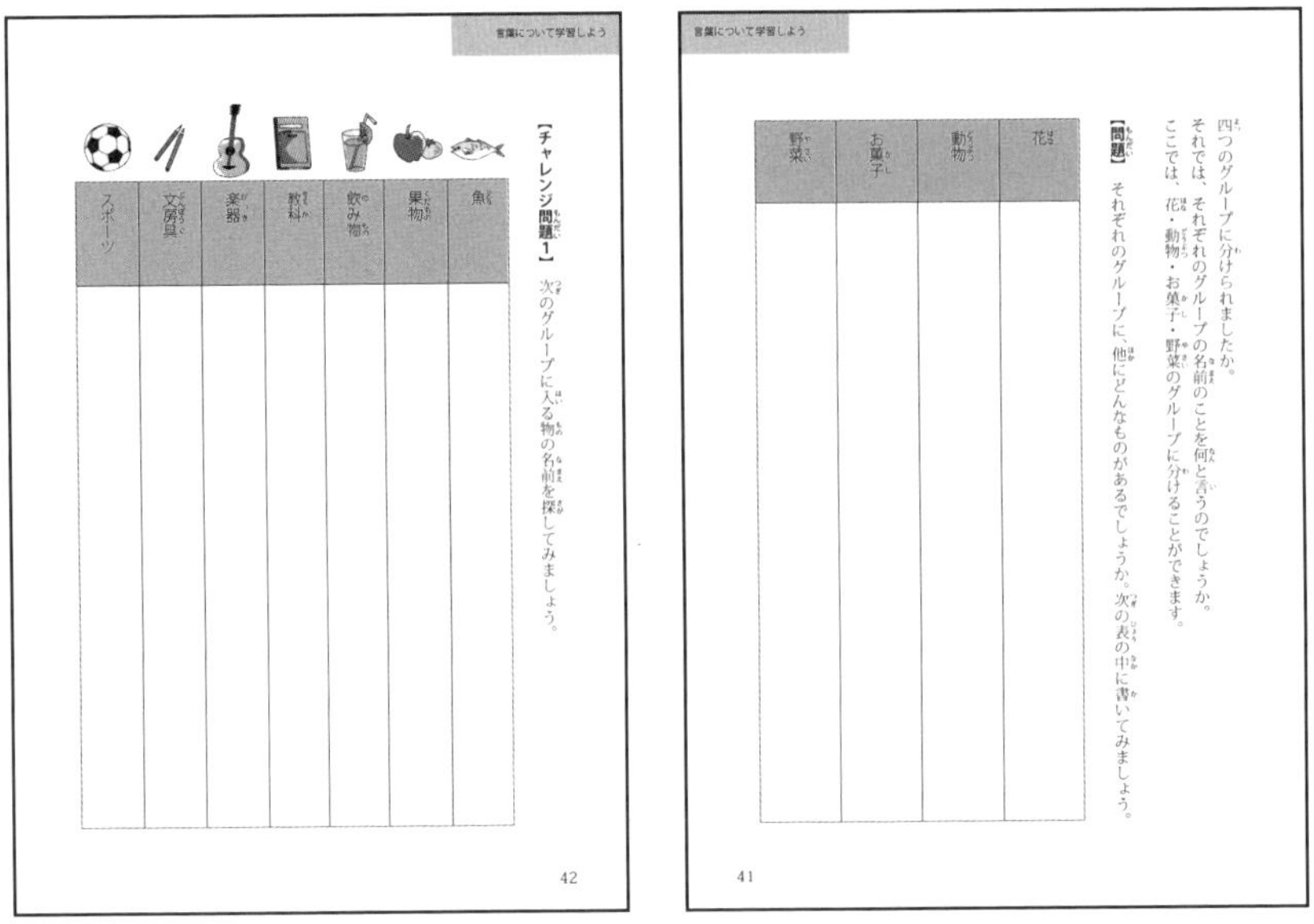

四《よっ》つのグループに分《わ》けられましたか。
それでは、それぞれのグループの名前《なまえ》のことを何《なん》と言《い》うのでしょうか。
ここでは、花《はな》・動物《どうぶつ》・お菓子《かし》・野菜《やさい》のグループに分《わ》けることができます。

【問題《もんだい》】 それぞれのグループに、他《ほか》にどんなものがあるでしょうか。次《つぎ》の表《ひょう》の中《なか》に書《か》いてみましょう。

花《はな》	動物《どうぶつ》	お菓子《かし》	野菜《やさい》

【チャレンジ問題《もんだい》１】 次《つぎ》のグループに入《はい》る物《もの》の名前《なまえ》を探《さが》してみましょう。

魚《さかな》	果物《くだもの》	飲《の》み物《もの》	教科《きょうか》	楽器《がっき》	文房具《ぶんぼうぐ》	スポーツ

◎ここでは、**【問題】**で「花」「動物」「お菓子」「野菜」というグループ分けを、**【チャレンジ問題１】**では「魚」「果物」「飲み物」「教科」「楽器」「文房具」「スポーツ」というグループ分けをして表に記入するようになっていますが、それ以外にも様々なグループ分けが考えられるので、生徒たちの興味関心や生活に密着した物を参考にしてグループ分けするとよいかもしれません。
例として、「乗り物」「電化製品」「お料理」「デザート」「色」「天気」「季節」「曜日」「体」などが考えられます。

◎生徒の実態に応じて、物の名称のことを**名詞**と呼ぶことを指導しても差し支えないと思います。

ヒント

P.43〜P.44

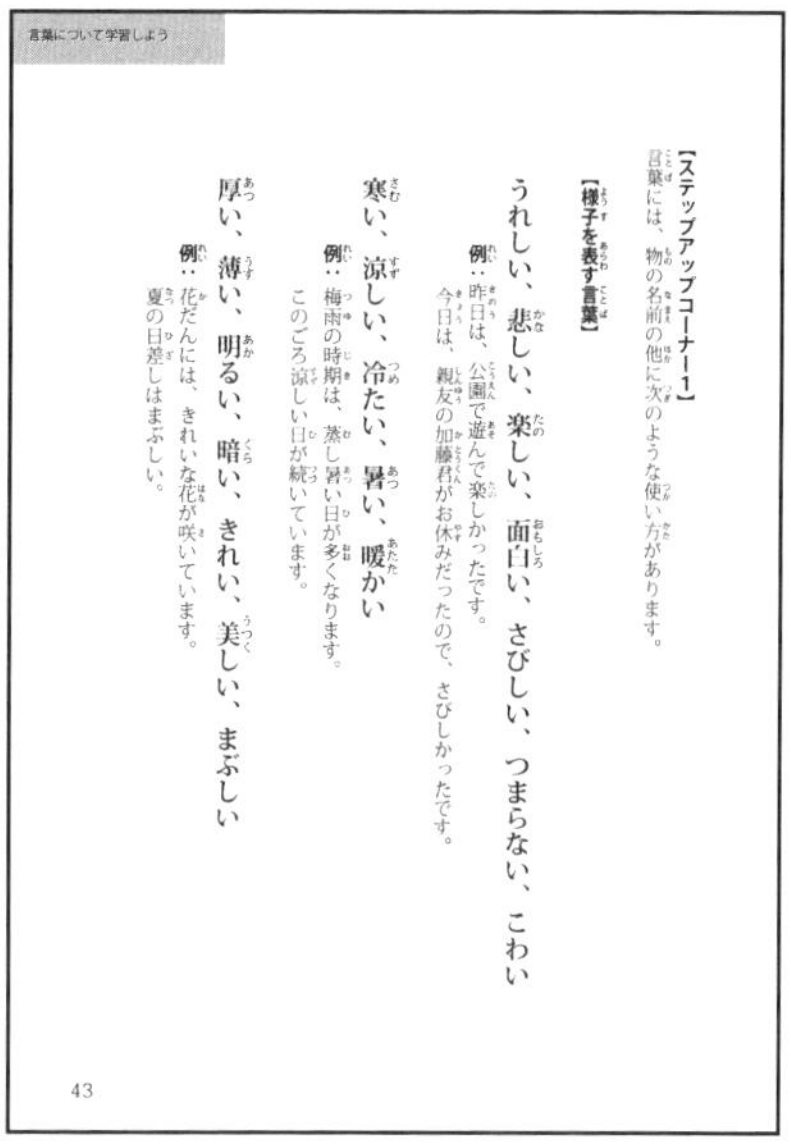

言葉について学習しよう

【ステップアップコーナー1】

言葉《ことば》には、物《もの》の名前《なまえ》の他《ほか》に次《つぎ》のような使《つか》い方《かた》があります。

【様子《ようす》を表《あらわ》す言葉《ことば》】

うれしい、悲《かな》しい、楽《たの》しい、面白《おもしろ》い、さびしい、つまらない、こわい

例《れい》：昨日《きのう》は、公園《こうえん》で遊《あそ》んで楽《たの》しかったです。
今日《きょう》は、親友《しんゆう》の加藤君《かとうくん》がお休《やす》みだったので、さびしかったです。

寒《さむ》い、涼《すず》しい、冷《つめ》たい、暑《あつ》い、暖《あたた》かい

例《れい》：梅雨《つゆ》の時期《じき》は、蒸《む》し暑《あつ》い日《ひ》が多《おお》くなります。
このごろ涼《すず》しい日《ひ》が続《つづ》いています。

厚《あつ》い、薄《うす》い、明《あか》るい、暗《くら》い、きれい、美《うつく》しい、まぶしい

例《れい》：花《か》だんには、きれいな花《はな》が咲《さ》いています。
夏《なつ》の日差《ひざ》しはまぶしい。

43

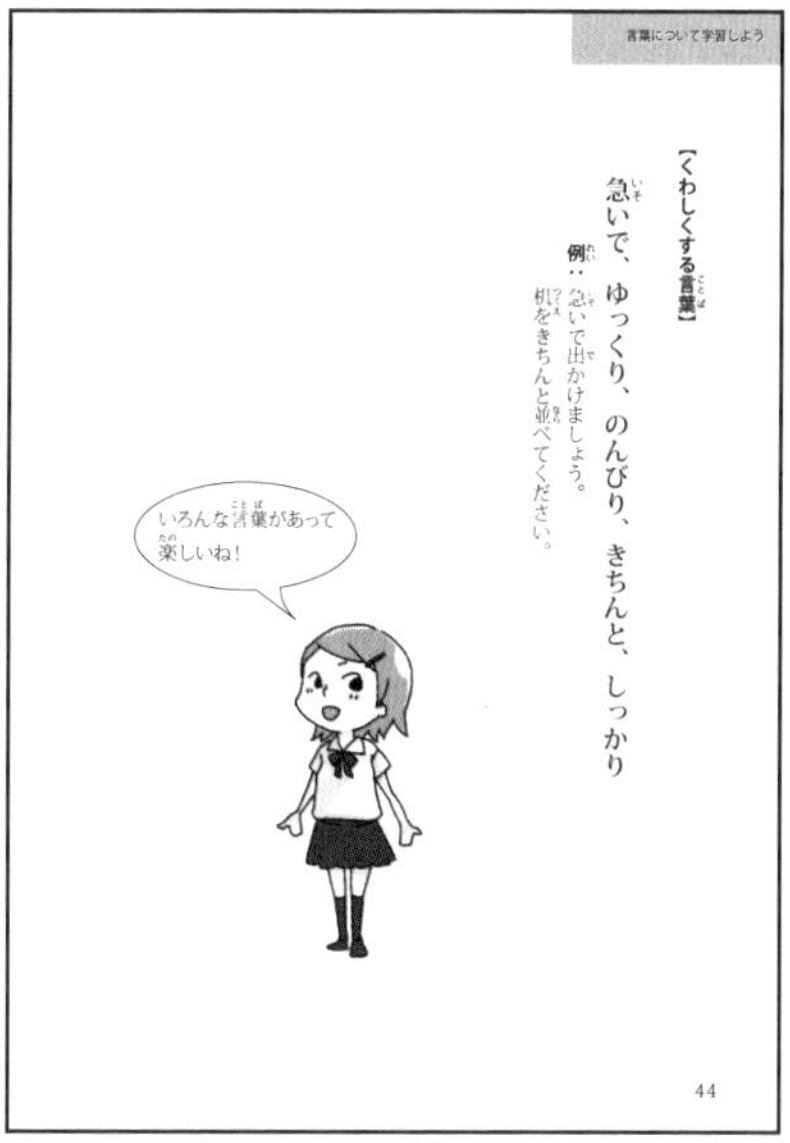

言葉について学習しよう

【くわしくする言葉《ことば》】

急《いそ》いで、ゆっくり、のんびり、きちんと、しっかり

例《れい》：急《いそ》いで出《で》かけましょう。
机《つくえ》をきちんと並《なら》べてください。

44

◎**【ステップアップコーナー１】**では、まず様子を表す言葉である**形容詞**を学習します。形容詞は「うれし**い**」「寒**い**」のように、言い切りの形が**「い」**になることを確認するようにしましょう。また、形容詞は使い方によって形が変化するということも確認しましょう。

〈例〉「楽しい」

・きのうは、とても楽しかった。
・きょうは、あまり楽しくなかった。
・ゲームはとても楽しい。
・もし楽しければ、また遊びましょう。

次に物の動作を表すことば（動詞）、物の名称（名詞）、様子を表す言葉（形容詞）をよりくわしくする言葉である**副詞**についても学習します。

44ページの例以外にも、次のような使い方があります。

〈例〉

・すぐに寝ましょう。
・とても美しい景色です。
・もっと上に手をのばそう。
・いつも泣いている。

ヒント

P.45
〜
P.49

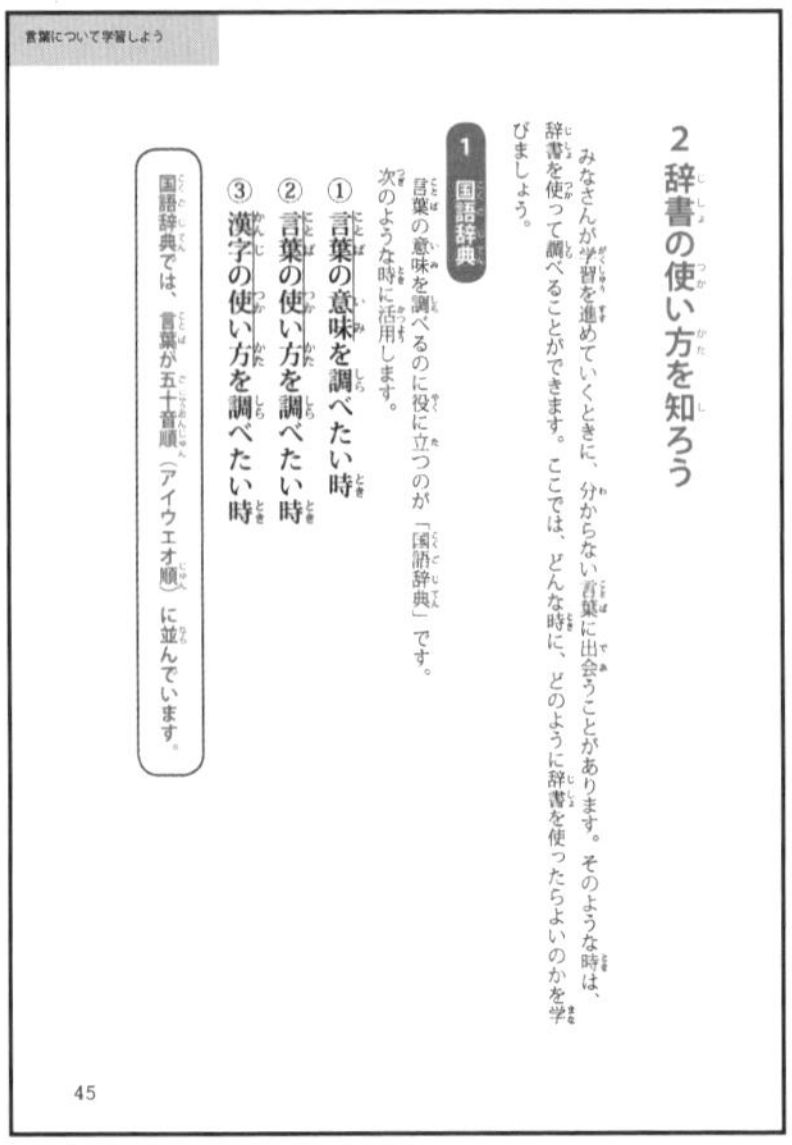

2 辞書《じしょ》の使《つか》い方《かた》を知《し》ろう

みなさんが学習《がくしゅう》を進《すす》めていくときに、分《わ》からない言葉《ことば》に出会《であ》うことがあります。そのような時《とき》は、辞書《じしょ》を使《つか》って調《しら》べることができます。ここでは、どんな時《とき》に、どのように辞書《じしょ》を使ったらよいのかを学《まな》びましょう。

1 国語辞典《こくごじてん》

言葉《ことば》の意味《いみ》を調《しら》べるのに役《やく》に立《た》つのが「国語辞典《こくごじてん》」です。
次《つぎ》のような時《とき》に活用《かつよう》します。

① 言葉《ことば》の意味《いみ》を調《しら》べたい時《とき》
② 言葉《ことば》の使《つか》い方《かた》を調《しら》べたい時《とき》
③ 漢字《かんじ》の使《つか》い方《かた》を調《しら》べたい時《とき》

国語辞典《こくごじてん》では、言葉《ことば》が五十音順《ごじゅうおんじゅん》（アイウエオ順《じゅん》）に並《なら》んでいます。

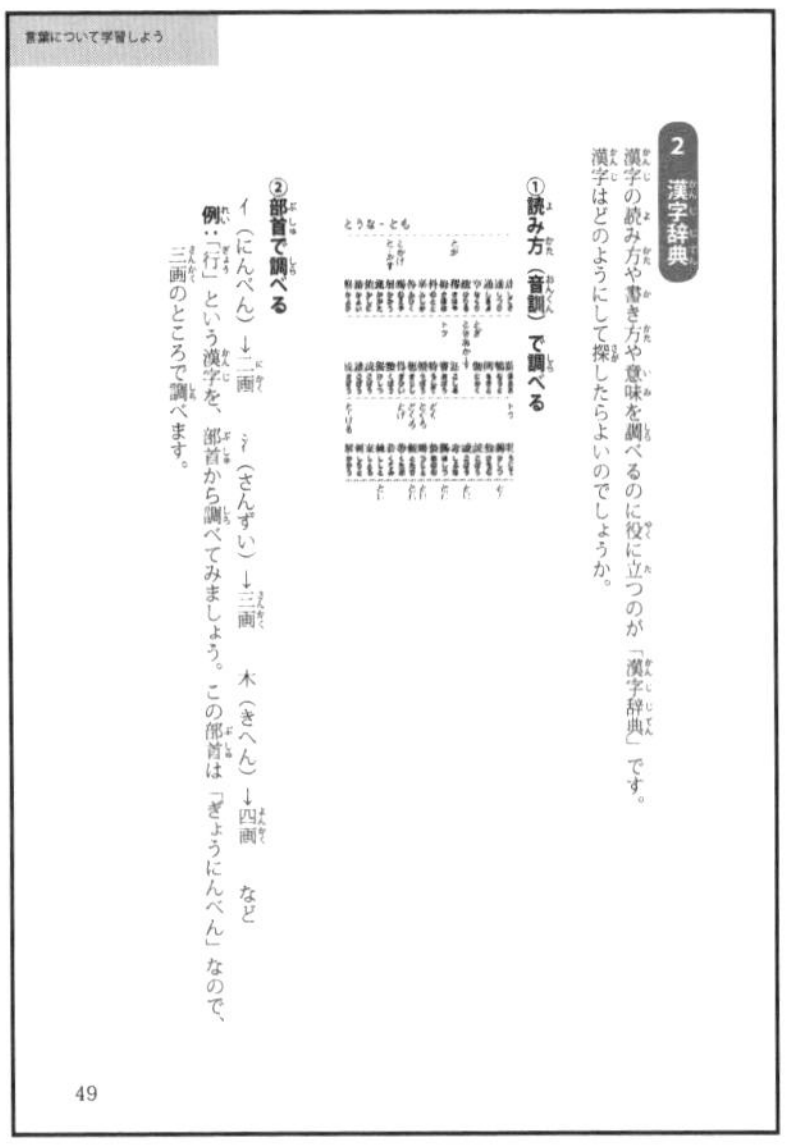

2 漢字辞典《かんじじてん》

漢字《かんじ》の読《よ》み方《かた》や書《か》き方《かた》や意味《いみ》を調《しら》べるのに役《やく》に立《た》つのが「漢字辞典《かんじじてん》」です。
漢字《かんじ》はどのようにして探《さが》したらよいのでしょうか。

①読《よ》み方《かた》（音訓《おんくん》）で調《しら》べる

②部首《ぶしゅ》で調《しら》べる

亻（にんべん）↓二画《にかく》　氵（さんずい）↓三画《さんかく》　木（きへん）↓四画《よんかく》　など

例《れい》：「行《ぎょう》」という漢字《かんじ》を、部首《ぶしゅ》から調《しら》べてみましょう。この部首《ぶしゅ》は「ぎょうにんべん」なので、三画《さんかく》のところで調《しら》べます。

◎『**辞書の使い方を知ろう**』では、2種類の辞書、**国語辞典**と**漢字辞典**の使い方を学習しますが、最近では**電子辞書**が普及しているのでその使い方を知ったり、実際に使用する経験をすることで意欲化を図っていくこともよいと思います。

◎ここでは辞書の使い方の例として、「はかる」を取り上げていますが、これ以外にも**同訓異義語**、**同音異義語**と言われるいろいろな言葉があるので、国語辞典を活用して適切な使い方を調べることに取り組むとよいと思います。

〈例〉

あつい…熱い、暑い、厚い　**はやい**…早い、速い
あう…合う、会う　**あける**…明ける、空ける、明ける
あやまる…誤る、謝る
さいかい…再開、再会、最下位
いがい…以外、意外
かてい…家庭、過程、課程、仮定
さいこう…最高、再考、再興、採光

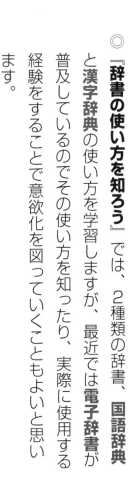

発展問題

◎仲間でない言葉を見つけて（　　）に書きましょう。また、その理由も書きましょう。

①晴れ、雨、曇り、雪、空⬇（　　・理由　　）

②えんぴつ、消しゴム、スプーン、ものさし、クレヨン⬇（　　・理由　　）

③山、川、海、駅、湖　⬇（　　・理由　　）

④春、夏、台風、秋、冬　⬇（　　・理由　　）

⑤うれしい、さびしい、悲しい、大きい、楽しい⬇（　　・理由　　）

⑥あまい、にがい、からい、痛い、すっぱい⬇（　　・理由　　）

⑦三角形、台形、四角形、円、ゲーム⬇（　　・理由　　）

⑧みかん、りんご、だいこん、かき、バナナ⬇（　　・理由　　）

解答と解説

①空　天気の仲間でない。
②スプーン　文房具でない。
③駅　自然の仲間でない。
④台風　季節の仲間でない。
⑤暗い　気持ちの仲間でない。
⑥痛い　味の仲間でない。
⑦ゲーム　形の仲間でない。
⑧だいこん　くだものの仲間でない。

チャレンジ問題２の解答

P.48

【チャレンジ問題《もんだい》２】
それでは、次《つぎ》の文《ぶん》では、どんな漢字《かんじ》を使《つか》ったらよいか、国語辞典《こくごじてん》で調《しら》べてみましょう。

・夏《なつ》は、とてもあついですね。↓（ 暑い ）
・この自動車《じどうしゃ》のスピードは、かなりはやい。↓（ 速い ）
・試合《しあい》をさいかいします。↓（ 再開 ）

発展問題

◎自分の名前に使われている漢字について調べてみよう。

部首	
総画数	
音読み	
訓読み	

授業例

◆目標

・身近にある物の名前や事柄は、いくつかのグループに分けることができることを知る。
・物の名前や様子をくわしくする言葉があることに気づく。
・国語辞典を活用して語彙を増やし、学校生活や日常生活に生かすことができるようにする。

◆指導計画

学習活動	指導の手立て
① 例に示されている物の名前を四つに分けてみよう。	●示されている二十の物をグループ分けすると「花」「動物」「お菓子」「野菜」に分けられることを確認する。
② 問題に取り組んでみよう。	●いろいろな物がイメージできるように、写真・図鑑・折り込み広告等の視覚的な資料を準備しておく。
③ チャレンジ問題１に取り組んでみよう。	●ここでも視覚的な資料を準備しておく。 ●より多くの物の名前を知ることができるようにグループでの学習を取り入れていく。
④ 様子を表す言葉やくわしくする言葉の使い方を知ろう。	●文づくりを進める中で、様子を表す言葉やくわしくする言葉が適切に使えるようにしていく。

⑤国語辞典の使い方を知り、実際に意味を調べてみよう。	●例に示された「大切（たいせつ）」の他にもいろいろな言葉を調べる時間を確保しておく。
⑥国語辞典を使って「漢字の使い方」を覚えよう。チャレンジ問題2に取り組んでみよう。	●「はかる」以外の言葉についても調べるようにする。
⑦漢字辞典の使い方を知り、実際に調べてみよう。	●チャレンジ問題3、4に示されている漢字以外の漢字を調べる時間を確保しておく。

3 日本語の楽しさにふれよう

P.51 〜 P.60

指導のポイント

日本語には、昔から人から人へと語り継がれ教訓や格言や名言として用いられてきた**ことわざ、慣用句、四字熟語**と言われる言葉がたくさんあります。

この単元では、こうした言葉を覚えることがねらいではなく、それぞれの特徴や使い方を知ることによって、日本語の持つ楽しさを味わうことが大切になります。

ヒント

P.51 〜 P.57

◎ここでは、「動物の名前がつくことわざ」として四つの例を挙げていますが、その他にも「魚」「鳥」「虎」「蛇」「蛙」「竜」等の名前が使われているので、グループの中で、それぞれの動物の担当を決めて調べることによって意欲化を図るとよいかもしれません。

◎ことわざを調べる時には、国語辞典を活用することが考えられますが、その他に市販の「ことわざ辞典」

や「ことわざカルタ」などを活用するとよいかもしれません。

◎ここでは「ことわざを知ること」「ことわざを調べること」が中心となっていますが、発展課題としてグループ学習で自作カルタを作成し、それを使ってカルタ大会を行い、ことわざの楽しさを経験する場を設けることも考えられます。

◎**慣用句**は二つ以上の言葉が結びついて、ある意味を表すという性質がありますが、ここでは表された言葉の文字通りの意味ではないということをしっかりと押さえておくことが大切です。
また、この章の前半で学習した**国語辞典**や**漢字辞典**を利用していろいろな慣用句を調べることによって語彙力を高められます。

《レベルアップのためのワンポイントアドバイス》

★テキストに示された体の部分がつく慣用句が他にもたくさんあります。

口が軽い。（意味：　　　　　　　　）　目にあまる。（意味：　　　　　　　　）

耳を疑う。（意味：　　　　　　　　）　手を焼く。（意味：　　　　　　　　）

その他「首」「胸」「頭」「腕」「腰」「肩」「顔」「鼻」「足」などで始まるものがあるので、個人で調べたり、グループで調べたり、クラス全体で調べたりして、できるだけ多くの「慣用句」を知りたいですね。
また、「人や動物等」を使ったユニークな慣用句の意味について知ることも楽しさに繋がるかもしれませんね。

〈例〉

馬が合う。（意味：　　　　　　　　）　うり二つ。（意味：　　　　　　　　）

犬猿の仲。（意味：　　　　　　　　）　天狗になる。（意味：　　　　　　　　）

猫をかぶる。（意味：　　　　　　　　）　筆が立つ。（意味：　　　　　　　　）

ヒント

P.58 〜 P.59

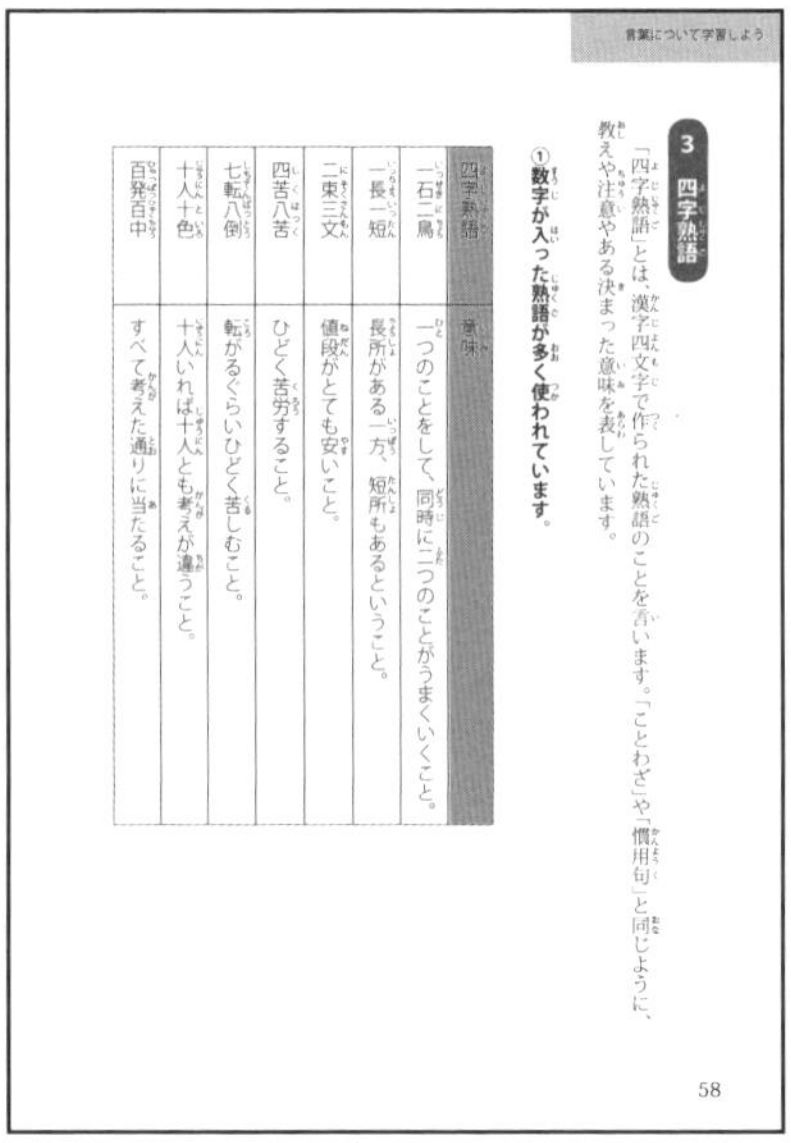

3 四字熟語《よじじゅくご》

「四字熟語《よじじゅくご》」とは、漢字四文字《かんじよんもじ》で作《つく》られた熟語《じゅくご》のことを言《い》います。「ことわざ」や「慣用句《かんようく》」と同《おな》じように、教《おし》えや注意《ちゅうい》やある決《き》まった意味《いみ》を表《あらわ》しています。

① 数字《すうじ》が入《はい》った熟語《じゅくご》が多《おお》く使《つか》われています。

四字熟語《よじじゅくご》	意味《いみ》
一石二鳥《いっせきにちょう》	一《ひと》つのことをして、同時《どうじ》に二《ふた》つのことがうまくいくこと。
一長一短《いっちょういったん》	長所《ちょうしょ》がある一方《いっぽう》、短所《たんしょ》もあるということ。
二束三文《にそくさんもん》	値段《ねだん》がとても安《やす》いこと。
四苦八苦《しくはっく》	ひどく苦労《くろう》すること。
七転八倒《しちてんばっとう》	転《ころ》がるぐらいひどく苦《くる》しむこと。
十人十色《じゅうにんといろ》	十人《じゅうにん》いれば十人《じゅうにん》とも考《かんが》えが違《ちが》うこと。
百発百中《ひゃっぱつひゃくちゅう》	すべて考《かんが》えた通《とお》りに当《あ》たること。

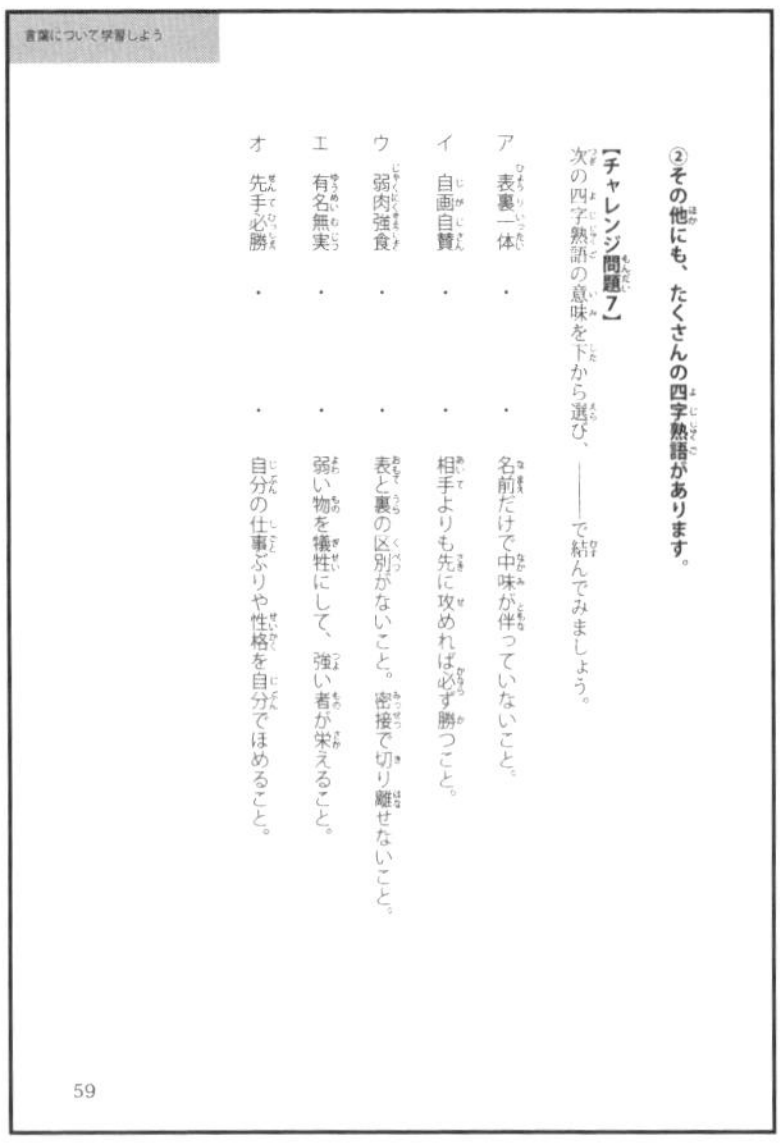

② その他《ほか》にも、たくさんの四字熟語《よじじゅくご》があります。

【チャレンジ問題《もんだい》7】
次《つぎ》の四字熟語《よじじゅくご》の意味《いみ》を下《した》から選《えら》び、――――で結《むす》んでみましょう。

ア　表裏一体《ひょうりいったい》　・　　・　名前《なまえ》だけで中味《なかみ》が伴《ともな》っていないこと。
イ　自画自賛《じがじさん》　・　　・　相手《あいて》よりも先《さき》に攻《せ》めれば必《かなら》ず勝《か》つこと。
ウ　弱肉強食《じゃくにくきょうしょく》　・　　・　表《おもて》と裏《うら》の区別《くべつ》がないこと。密接《みっせつ》で切《き》り離《はな》せないこと。
エ　有名無実《ゆうめいむじつ》　・　　・　弱《よわ》い物《もの》を犠牲《ぎせい》にして、強《つよ》い者《もの》が栄《さか》えること。
オ　先手必勝《せんてひっしょう》　・　　・　自分《じぶん》の仕事《しごと》ぶりや性格《せいかく》を自分《じぶん》でほめること。

◎**四字熟語**もことわざや慣用句と同様に教訓や格言、名言として用いられてきた言葉です。ここでも例示の言葉だけでなく、いろいろな四字熟語にふれるために調べ学習を取り入れ、日本語の楽しさを知るきっかけとしたいですね。

また、四字熟語を日記や作文を書くときにも使うことができるようにしていきたいですね。

《レベルアップのためのワンポイントアドバイス》

★四字熟語はいろいろな場面で使われているので、適切な使い方を知っておくと自分の表現力を高めるきっかけになります。

・試合展開に**一喜一憂**《いっきいちゆう》する。⬇ 喜んだり心配したりする。

・**起死回生**《きしかいせい》の逆転ホームラン。⬇ 絶望的な状態から盛り返すこと。

・**無我夢中**《むがむちゅう》で柔道の練習をする。⬇ 熱中して我を忘れること。

・私は**不言実行**《ふげんじっこう》を心がけます。⬇ 黙って実行すること。

・**前代未聞**《ぜんだいみもん》の大事件が起こる。⬇ これまでに聞いたことがないこと。

・**臨機応変**《りんきおうへん》に対応してください。⬇ その場に応じて適切な処置をすること。

・**絶体絶命**《ぜったいぜつめい》のピンチを迎えた。⬇ 逃れようのない苦しい状態。

・あなたの意見は**支離滅裂**《しりめつれつ》だ。⬇ ばらばらで筋が通っていないこと。

授業例

◆目標

・「ことわざ」「慣用句」「四字熟語」を調べ、それぞれの特性や使い方を知る。
・「ことわざ」「慣用句」「四字熟語」の楽しさにふれ、豊かな日常生活を送るために役立てる。

◆指導計画

学習活動	指導の手立て
①「ことわざ」の特徴を知り、どのように使われているかを確認しよう	●51～53ページに挙げられていることわざの意味を確認する。
②いろいろな「ことわざ」を調べてみよう。	●「動物の名前のつくことわざ」と「勉強や生活に役立つことわざ」に分けて整理し、52ページの表やチャレンジ問題４に取り組むようにする。
③・「ことわざカルタ」を作ろう。 ・カルタ大会をしよう。	●調べたことわざをカルタにすることで興味関心の向上を図る。 ●生活単元学習や美術の学習との関連を図る。
④「慣用句」の特徴を知り、どのように使われているかを確認しよう。	●55ページに挙げられている慣用句の意味を確認する。 ●国語辞典やインターネットを活用して、チャレンジ問題５、６に取り組むようにする。
⑤いろいろな「慣用句」を調べてみよう。	●55～57ページに挙げられている以外の慣用句を調べることによって意欲の向上を図る。

⑥「四字熟語」の特徴を知り、どのように使われているかを確認しよう。	●58ページに挙げられている四字熟語の意味を確認する。
⑦いろいろな「四字熟語」を調べてみよう。	●58ページに挙げられている以外の四字熟語やチャレンジ問題7を調べることで意欲の向上を図る。

4 外来語を知ろう

P.61 ～ P.71

指導のポイント

私たちが日常使用している言葉の中には、「漢字」や「ひらがな」で表記されているだけでなく、「カタカナ」や「アルファベット」（ローマ字や英語）で表記されている言葉がたくさんあります。こうした言葉を**「外来語」**と呼びます。

ここではその外来語の約束や使い方を知り、日常の言語活動がより豊かになるように指導していくことが大切になります。

ヒント

P.61 ～ P.64

◎『**1 カタカナ**』では、「野菜や果物の名前」、「楽器の名前」、「スポーツの名前」「食べ物や飲み物の名前」、「国の名前」を例として挙げていますが、日本独自のカタカナ表記である「和製英語」や「日本独自の略語」などについても調べていくとさらに興味を持って学習を進められます。

〈和製英語の例〉 アイスコーヒー、コインランドリー、コンセント、オートバイ　等

〈日本独自の略語の例〉 エアコン、パソコン、デジカメ、インフレ、デフレ　等

◎第二章で学習した**「折り込み広告」**や**「新聞」**、**『第八章 世界のことを知ろう』**と関連づけて学習を進めていくことも効果的です。

＊30ページの「社説」の中には、「ノーベル」「ポスト」「アイデア」「チャンス」という四つの言葉が使われています。

◎63ページでは、動物の鳴き声やいろいろな物の音（擬声語、擬音語）を例として挙げていますが、例以外の動物の鳴き声や、日常生活の中で使われている音を調べてみることもよいと思います。

＊羊、せみ、うぐいす、にわとり、赤ちゃんの泣き声　等

＊風船の割れる音、かみなりの音　等

63ページ模範解答

犬→ワンワン　猫→ニャーニャー

牛→モー　馬→ヒヒーン

お皿が（バリーン・ガチャーン）と割れた。

強い風が（ビュービュー・ピューピュー）吹いている。

雨が（ザーザー）降っている。

ドアが（バターン・ピタッ）と閉まった。

ヒント

P.65～P.71

◎「アルファベット」は、ローマ字や英語の学習を進める上で基盤となる文字となるので、しっかり理解しておくことが大切です。
書いたり、読んだりして覚えることよりも、『きらきらぼし』のメロディーにのせて歌われている『ABCの歌（アルファベットの歌）』で関心を持たせ、楽しく学習するとよいでしょう。

◎『**３ ローマ字**』の学習では、この章で学んできた物の名前をローマ字で書くことによって関連を図るとよいでしょう。
また、68ページの『**もの知りコーナー**』では、より多くの友だちの名前や担任以外の先生の名前、家族や親せきの人の名前を書くことにもチャレンジすると、より意欲が向上すると思います。

◎『**４ 英語**』の学習では、たくさんの英単語を覚えることではなく、自分たちが生活している中で見たり聞いたりしている英語に気づいたり、探してみることにねらいを置いて学習を進めるとよいでしょう。

◎アルファベットやローマ字は、いろいろなスポーツのユニフォーム、放送局の名前、会社の名前で使われていることが多いので、探したり調べたりすることで楽しさが増します。

〈例〉 NHK　TBS　TOKYO−FM　NTT　JR　等

◎身近な所で見たり聞いたりする英語については、例で示されたものの他にも次のようなものがあることを知ることで、さらに楽しさが増します。

〈例〉

機械に関するもの
CD（Compact Disc）
BD（Blu-ray Disc）
TEL（Telephone）

単位に関するもの
cal（calorie）
ml（mili liter）
kg（kilo gram）

その他
ID（IDentification）
　…身分証明の略
OB（Old Boy）
　…卒業生の略

◎英語については、「音楽」の授業と関連を図り、英語の歌を扱うことによって英語に親しませることも大切です。

《レベルアップのためのワンポイントアドバイス》

★「カタカナ」の学習では、その成り立ちの背景やねらいについて調べることによって、さらに学習を深めるきっかけとなります。

カタカナの成り立ちについての確認事項

○西暦８００年頃に考案された。
○文字を簡略表記させる意味で考案された。
○漢字がベースになっていて、漢字の字体の一部をくずしたものが多くなっている。

〈例〉 阿→ア（阿の左部分）　伊→イ（伊の左部分）　宇→ウ（宇の上の部分）
江→エ（江の右部分）　於→オ（於の左部分）

授業例

◆**目標**

・「カタカナ」「アルファベット」で表記されている言葉の使い方を理解する。
・身近な所で使用されている外来語を調べることにより、外来語についての興味関心を高める。

◆指導計画

学習活動	指導の手立て
①「カタカナ」の特徴を知り、どのように使われているかを学習しよう。	●61～63ページに挙げられているカタカナの言葉の特徴を確認する。
②いろいろな「カタカナ」の言葉を調べてみよう。	●国語辞典、折り込み広告、新聞、地図等を活用できるように準備しておく。
③「アルファベット」の読み方を知ろう。	●アルファベットには大文字と小文字があることを確認する。 ●「ＡＢＣの歌」を聴き、アルファベットに親しめるようにする。
④「ローマ字」の読み方を覚えよう。	●アルファベットを組み合わせると、日本語の五十音を表すことができることを確認する。
⑤「ローマ字」を使って、いろいろな物の名前を表してみよう。	●61～62ページに挙げられている言葉をローマ字で表すことを指示する。 ●ローマ字を使って名前を書くことの約束を確認し、実際に書いてみることを指示する。
⑥身近な所で見たり聞いたりしたことのある英語を知ろう。	●69～70ページに挙げられている英語を確認する。
⑦いろいろな「英語」を調べてみよう。	●69～70ページに挙げられている以外の英語を調べることによって学習意欲の向上を図る。

メモ

第四章　いろいろなことを書いてみよう

21 日記を書こう 作文を書こう

P.72 ～ P.76

指導のポイント

この単元では、ここまでに学習してきた言葉の学習を生かして、自分が日常の生活を送っている中で感じたこと（楽しかったこと、うれしかったこと、悲しかったこと、感動したことなど）を文で表現することに取り組みます。

前半では、**①身近なことを題材にすればよいということ**、**②自分に合った日記の書き方でよいということ**を確認し、書くことの楽しさを味わわせることをねらいとします。

そして後半では、作文を書くときの約束を学習し、自分にあったテーマ、そして自分にあった長さで表現することの楽しさや、長い文を書けるようになってきている嬉しさを経験させることが大切になります。

ヒント

P.72〜P.76

◎なかなか書くイメージがつかめない生徒に対しては、その日の具体的な場面を提示してきっかけづくりをしてみましょう。

〈例〉・今日の給食のメニューは（　　　）と（　　　）でした。

・一番おいしかったのは（　　　）です。

・今朝は（　　　）時ごろ起きました。ごはんは（　　　）を食べました。

◎書字が苦手な生徒については、伝えたいことを教師に話し、それを教師が文の形に表わす方法で取り組んでみるのもよいでしょう。

◎日記や作文の題材が見つけにくい生徒に対しては、その日の出来事や行事等の写真や絵、映像などを活用するとイメージが湧き、文で表現するきっかけとなります。

◎ここでは、作文の例として「意見文」「感想文」「手紙文」「生活文」が挙げられていますが、その他に「紀行文」についても取り上げるとよいでしょう。

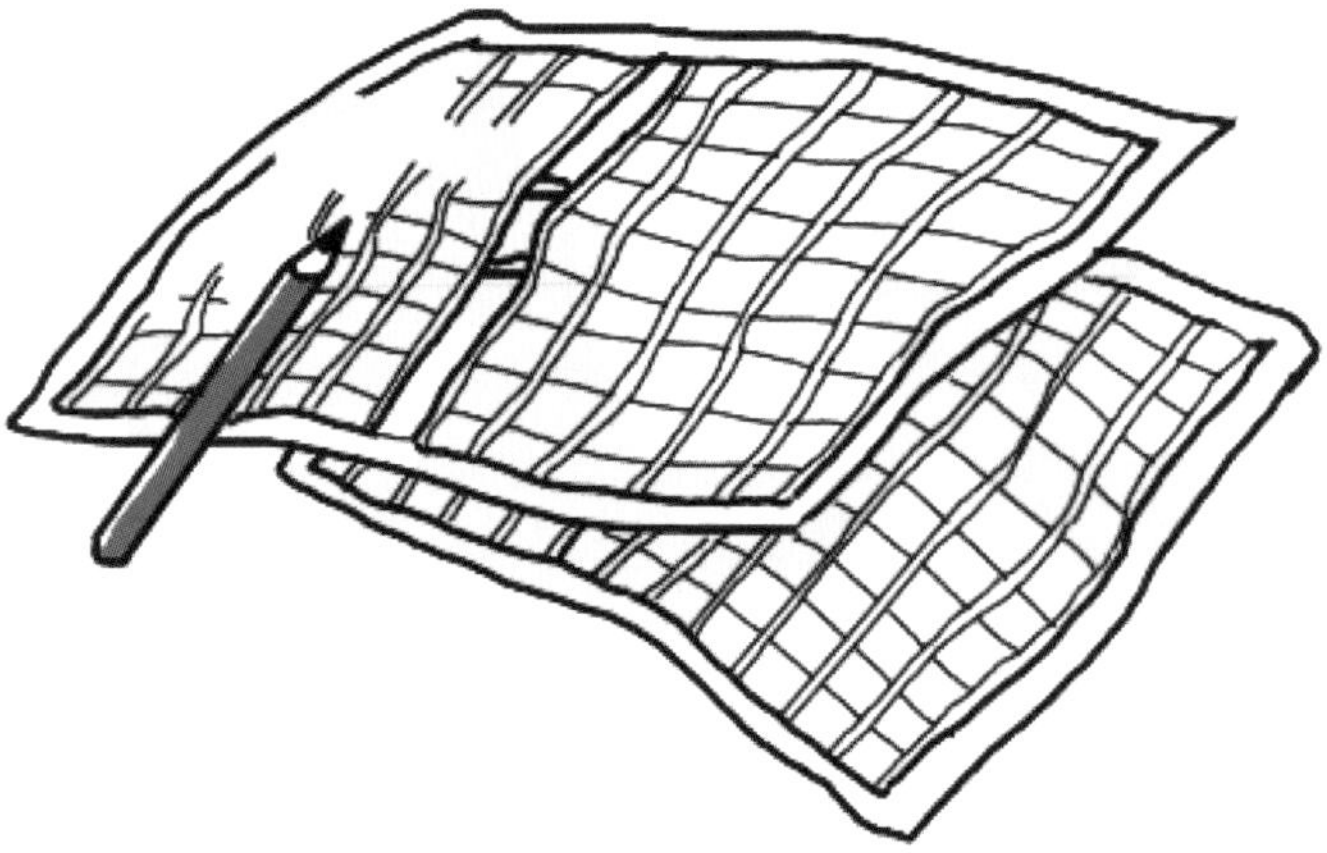

【紀行文とは?】

旅行中の行動や見たこと、聞いたこと、体験したこと、感じたことなどを行程を追って書いた文のこと。

「旅行記」とも言われています。

家族旅行、校外学習、遠足など身近なことであるので書きやすいと思います。

◎長い文を書くことに抵抗のある生徒に対しては、自分の気持ちを簡潔に表現しやすい「詩」に表わすとよいと思います。

その際には、第二章の『**３ 詩を読んでみよう**』と関連を図って指導を進めましょう。

授業例

◆目標

・日々の生活の出来事を日記や作文に表わそうとする意欲を高める。

・日記や作文に表わす時の約束ごとを理解する。

・自分の感じたことを日記や作文で表現する。

◆指導計画

学習活動	指導の手立て
①「日記」のことを知ろう。	●日記の書き方を知らせ、自分に合った日記の種類を選択できるように助言する。
②「日記」を書いてみよう。	●自分に合った日記の書き方を選択し、実際に書くように助言する。
③「日記発表会」をしよう。	●生徒の実態に応じて、クラスやグループで発表会を実施する。 ●友だちの日記のよかった点を見つけられるように指示しておく。
④「作文」のことを知ろう。	●事前に模範となる作文を用意しておく。 ●作文にはいろいろな種類があることを確認する。
⑤「作文」の書き方のコツを知ろう。	●事前に用意しておいた作文を活用して、作文の書き方のコツを確認する。
⑥テーマを決めて作文を書こう。	●事前にテーマを決めておいてこの時間に入れるように準備しておく。
	●二～三時間を使って仕上げるように指示しておく。
⑦「作文発表会」をしよう。	●生徒の実態に応じて、クラスやグループで発表会を実施する。 ●友だちの作文のよかった点を見つけられるように指示しておく。
⑧「文集」を作ろう。	●時間的に余裕がある場合は、個人文集やグループ文集、クラス文集を作成して学習のまとめとすることが考えられる。

3 手紙を書こう

P.77 ～ P.85

指導のポイント

最近では自分の思いや考えを伝える時に、電話やファックス、メールを使用することが多くなってきましたが、昔から現在まで長い間使用されてきた手段の一つに「手紙」があります。

「手紙」には、電話やファックス、メールにはない魅力があります。その魅力とは、手書きのよさにあります。「ありがとう。」「おめでとう。」「たいへんでしたね。」「頑張りましたね。」などの言葉は手書きであると、受け取る側もうれしさが倍増します。同じ言葉であっても、手書きであると人によって字が異なるので個性があり気持ちが伝わりやすいというよさがあります。

ここでは、そうした「手紙」のよさを知り、身近な人に手紙を書いてみようという意欲を高めることが大切になります。

ヒント

P.77〜P.85

◎時候のあいさつ例

83ページに示された以外にもたくさんの時候のあいさつがあります。

どんな例があるのかを月ごとに調べることによって、豊かな表現力の向上につながると考えられます。

〈時候の挨拶文「1月の季節の挨拶文・例文〉

新春を迎え、お健やかな日々をお過ごしのことと（お喜び申し上げます）。

寒の入りとなり、寒さがひとしおきびしくなってきましたが、（お元気でしょうか）。

松の内も過ぎ、平常の生活になりましたが、（お変わりなくお過ごしでしょうか）。

○○様におかれましては、（ご家族おそろいでよい年をお迎えのこととお喜び申し上げます）。

○○さん、（今年のお正月はいかがお過ごしでしたでしょうか）。

例年になく、暖かな日々が続いていますが、（お元気でお過ごしでしょうか）。

新年を迎え、町を行き交う人たちにも明るい緊張感を覚える日々ですが、（お元気でお過ごしのことと存じます）。

年が改まり、厳しい寒さの中にもすがすがしさが感じられる日々ですが、…。

寒気厳しきおりでございますが、…。

大寒を過ぎ、身の縮むような厳しい寒さの毎日ですが、…。

今年は例年にない大雪で、雪かきが大変です。

本格的な冬の到来を迎え、…。

寒さが肌をさす今日このごろですが、…。
ここ数日、記録的な大寒波が日本列島を襲っているようですが、…。
相変わらずの寒さで、春の訪れが待たれる今日この頃ですが、…。
穏やかな初春をご家族でお迎えのことと…。
喜びに満ちたお正月をお過ごしのことと存じます。
暖冬とは申せ、吹く風はやはり冷たく…。
珍しく暖かな寒の入りとなりましたが…。

他の月についても時候の挨拶文を調べてみましょう。

◎終わりのあいさつ

終わりのあいさつは相手の健康や幸福、活躍などを祈り、最後まで思いやりの気持ちを添えます。心を込めて書くことで相手に気持ちがしっかりと伝わります。

〈終わりのあいさつの例〉

●相手の健康や幸福を祈る
・時節柄くれぐれもご自愛ください。
・ご多幸をお祈り申し上げます。

●相手の活躍を祈る
・ますますの発展をお祈りいたします。
・一層のご活躍を祈念いたします。

●今後につなげる

・今後もよろしくお願いいたします。

・近いうちにまたご連絡いたします。

●その他のあいさつ

・まずは書面にてごあいさつ申し上げます。

・お手数ですが、○○様にもよろしくお伝えください。

◎言葉遣いについて

手紙では、丁寧な言葉遣いで書くことが多くなります。適切に遣うことができるように、第一章の８，９ページの『**ていねいな言葉（敬語）を知ろう**』と関連を図って学習を進めるとよいと思います。

〈レベルアップのためのワンポイントアドバイス〉

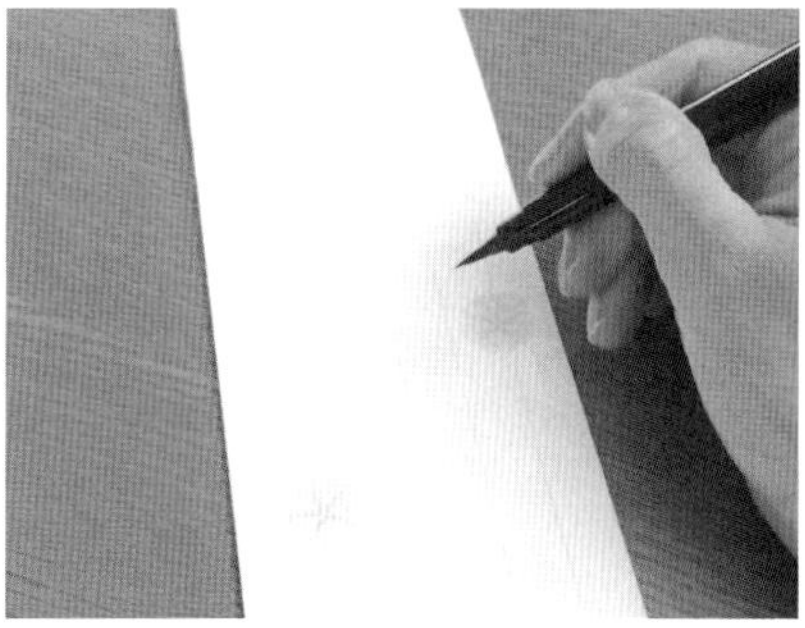

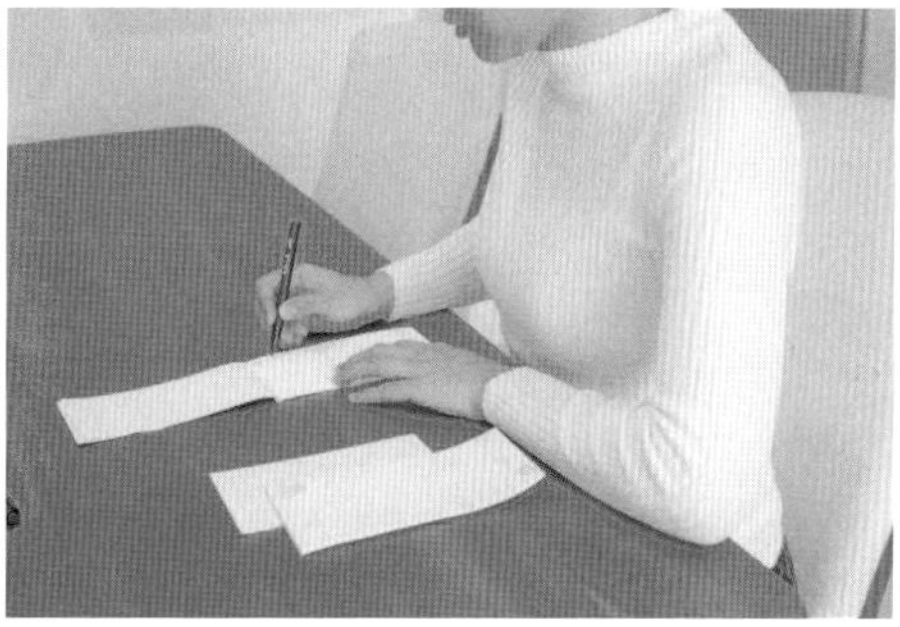

★いろいろな手紙として、「暑中見舞い」「残暑見舞い」「年賀状」「寒中見舞い」「喪中はがき」が挙げられていますが、そうした手紙よりもかしこまらず気軽に使える手紙に「一筆箋《いっぴつせん》」があります。「一筆箋」の書き方を知っておくことで気持ちの伝え方の幅が広がります。

【一筆箋とは？】

一筆箋とは短冊型の細長い便箋のこと。（15センチ×8センチぐらい）。B5サイズの便箋と比較すると、文字を書くスペースは5分の1ほどですから「文字をたくさん書かなければならない」「便箋の空白を埋めるのが大変」「書くのに時間がかかりそう」といったたいへんさが軽減されます。手書き文字に苦手意識があったり、日頃文字を手書きすることに慣れてない人でも、気軽に使うことができるよさがあります。

【どんなときに使うの？】

・誕生日、お中元、お歳暮、母の日、父の日、クリスマスなどの贈り物を送るとき
・借りていたDVDやゲーム、本を返すとき
・お金を返すとき

・仕事で商品や必要書類、請求書や資料を発送するとき

【どんなよさがあるの？】

一筆箋は、誰でも気軽に始められ、それでいて相手にきちんと気持ちを伝えることができるいわば「いちばん手軽な心を伝えるコミュニケーションツール」です。

お世話になっている知人、親友、家族、親戚、恩師、部活動や習い事の仲間。仕事の場面でいえば、お客様、取引先や、社内の上司や部下、同僚にも。メモ帳や付箋紙の代わりとしても使うことができます。

【書き方の約束は？】

一筆箋を使って書くときに、「こうしなければならない」という約束は、特にありません。その上で、冒頭で相手の名前、文末で自分の名前をきちんと明記すると温かみのある１枚になります。その際、相手の名前を間違えないように注意しましょう。

また、目上の人には敬語で、親しい友人なら友だち言葉でというように、普段の話し言葉と同じように書くとよいでしょう。

〈例〉 一筆箋の文章構成の基本

①あて名　②本文（あいさつ→要件→結び）　③自分の名前

おばあちゃんへ。
お元気ですか。私は元気に学校に行っています。
この間行った修学旅行で買ったキーホルダーを送ります。
外出のときに使ってもらえたらうれしいです。
冬休みにまた遊びに行くね。
これから寒くなるので、かぜをひかないでね。
さやか

4 履歴書を書こう

P.86 〜 P.88

指導のポイント

就職したい会社や作業所があった場合に、どんなに熱意を持って応募したとしても、雑な文字で書いてあったり空欄が目立つ履歴書であったりすると、担当者にはその熱意が伝わりにくくなります。担当者は、まず履歴書の限られた情報からその人物の熱意や意欲を探ろうとします。写真、書き方、文字、内容などが、熱意や意欲の高さを判断する資料となります。

そこでここでは、履歴書の基本的な書き方とマナー、そしてうまく書くコツについて学習をし、就職・就労の選考の際に生かせるようにしていきましょう。

ヒント

P.86 〜 P.88

◎日付

履歴書には必ず日付を記入しましょう。郵送または持参する当日の日付を書きましょう。西暦ではなく元号を使うのが一般的です。

◎名前とふりがな

氏名は姓と名前の間にスペースを入れておくと分かりやすくなります。「ふりがな」と平仮名で記載されている場合は平仮名で、「フリガナ」と片仮名で記載されている場合は片仮名で書くようにしましょう。

◎写真

原則、3カ月以内に撮影したものが望ましいでしょう。サイズは2.4×3センチまたは3×4センチが一般的です。

◎連絡先

担当者は電話をするタイミングをとても大切にしているので確実に連絡の取れる連絡先を書くようにしましょう。

◎免許・資格

「漢検○級」「自動車免許」など、資格名を省略して書くと誤解を招く恐れがあるので、必ず「漢字検定○級」「普通自動車免許」などと正式な名称で書くようにしましょう。また、勉強中の免許・資格は、取得予定時期を書きましょう。

なお、資格を取得しておらず、資格欄に何も書くことがない場合は「特になし」と書きましょう。

◎志望動機

志望動機は「なぜその仕事を志望するのか」を自分の言葉で表現しましょう。

◎その他のポイント

履歴書の書き方や文例等は、就職関連の会社のサイトで調べることができるので、参考にするとよいでしょう。

◎履歴書の学習については、『**第一章 自分のことを伝えよう**』と関連を図って学習を進めることも考えられます。

授業例

◆目標

・手紙を書くときの約束やマナーを理解する。
・場面や用途に応じて手紙を書く力を身につける。
・履歴書を書くときの約束ごとを理解する。
・実際の就職の際に履歴書を書く力を身につける。

◆指導計画

学習活動	指導の手立て
①「手紙」のことを知ろう。	●事前に自分のところに来た手紙を準備しておくことによって学習への関心意欲を高める。
②「手紙」を書くときの約束を知ろう。	●手紙の形式や時候のあいさつを知ることによって、より丁寧な手紙が書けることを確認する。
③「いろいろな手紙」のことを知ろう。	●84、85ページに示された手紙以外の書きやすい手紙についてふれておくようにする。（例・一筆箋）
④自分の気持ちを伝えたい人に「手紙」を書こう。	●事前にだれに手紙を書くのかを決めておくようにする。
⑤「履歴書」について知ろう。	●どんなときに活用するのか、どんなことに気をつけるのかをしっかりと確認する。
⑥「履歴書」の記入項目を知ろう	●記入項目一つ一つ留意事項を確認し、実際に作成するときに役立てるように助言する。
⑦実際に「履歴書」を作成してみよう。	●事前に自分が就職したい職場、職種を決めておくように指示しておく。 ●進路の学習と関連を図って進めることもよい。

メモ

国語力を高めよう

第五章　インタビューをしよう
第六章　読書発表会をしよう

P.91 〜 P.105

指導のポイント

第五章と第六章では、第四章までの学習で身につけた力を生かして総合的に取り組むことをねらいとして指導を進めることが大切になります。

その際に第五章では、第一章の**「3 電話の使い方を覚えよう」**、第三章の**「言葉について学習しよう」**、第四章の**「手紙を書こう」**と関連を図って進めることがポイントとなります。

さらに第六章では、第二章の**「詩を読んでみよう」「本を読んでみよう」**と関連を図って進めることがポイントとなります。

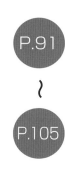

ヒント

P.91〜P.99

◎「インタビュー」の学習では、まずは家族、親戚、先生などの身近な人を対象にしてインタビューを行い、徐々にその範囲を広げていくことで質の向上が図られます。

◎「インタビュー」のテーマを決めるには、自分たちの身近な話題や関心の高い話題を取り上げるとイメージしやすくなると思います。

〈例〉・学校の行事に関すること
・家庭内の出来事に関すること
・日常の学校生活に関すること
・自分の住んでいる地域に関すること
・自分たちがよく行くお店に関すること
・通学の時にお世話になっている駅やバス会社の方　等

◎インタビューメモだけでは聞き逃しのある場合があるので、ビデオやICレコーダーを活用することも考えられます。

◎複数人数でインタビューを行う場合は、インタビューする相手に迷惑がかからないようにしっかりと役割分担を決めて行うことが大切です。

〈例〉 **交渉係**（インタビューの許可や日時、場所等について相手方と連絡をとる）

質問係（実際に質問をする）

記録係（質問の答えをメモする）

◎「インタビュー」を行ったことについて発表会を行うときには、39ページの「声のトライアングル」を参考にしましょう。

◎94ページに書かれているインタビューの仕方以外にも気をつけなければならない点があります。

○相手の目を見て、ゆっくり、はっきりと話す。

○相手の話を最後までしっかりと聴く。

○相手の話の内容がよく分かった場合には、相づちを打ったり、うなず　いたりする。

○もう少し質問したいと思ったときには、相手の話の途中に口を挟まず、　話が終わってからにする。

ヒント

P.100〜P.105

◎「読書発表会」に取り組む際に、グループでテーマを決めたり、読む本を決める場合には、36ページのものしりコーナーの資料や、37ページで作成した表を活用することも考えられます。

◎「読書発表会」を行う前に、リハーサルを行い、その反省点を生かして本番に臨むと発表がスムーズに進みます。リハーサルにはビデオやICレコーダーを使用するとよいと思います。

授業例

◆目標

・自分の知りたいことや興味関心を持ったことを調べる方法にインタビューがあることを知る。
・インタビューの仕方や手順を理解し、実際に取り組むことができる。
・グループで話し合ってテーマや読む本を決め、感想や意見をまとめることができる。
・学習のまとめとして、「インタビュー発表会」や「読書発表会」を行うことができる。

◆指導計画

学習活動	指導の手立て
①インタビューを行う場合の準備の仕方を知ろう。	●どんな場合にインタビューをするのかを確認する。 ●電話でのお願いの仕方だけでなく、実際に会ってお願いする仕方についても取り上げるようにする。 ●インタビューのお願いについては、ロールプレイを行って練習するようにする。
②インタビューの計画を立てよう	●インタビューの相手をグループで話し合って決定するように助言する。 ●インタビューメモを活用して計画を立てるとよいということを助言する。
③インタビューの練習をしよう	●インタビューメモで作成した計画にしたがってインタビューの練習を行うようにする。
④インタビューをしよう。	●計画や練習の成果を生かして積極的に取り組むように助言する。
⑤インタビューのまとめの計画を立てよう。	●グループで話し合ってまとめ方を決定するように助言する。
⑥インタビューしたことをまとめよう	●計画に従ってグループで協力してまとめられるようにする。 ●総まとめとしてお礼状を書くとよいということを指示する。
⑦インタビュー発表会をしよう。	●時間に余裕のある場合はクラス全体で実施することが望ましい。 ●発表会の代わりに掲示発表や新聞発表に替えてもよい。

⑧読書発表会を行う場合の準備の手順を知ろう	●円滑な発表会が実施できるように、一つ一つの手順を丁寧に確認する。
⑨読書発表会までの手順を決めよう	●チャレンジ問題1、2を活用して取り組むようにする。
⑩読んだ本の感想をグループで話し合い、意見をまとめよう	●発表原稿を作成すると便利であることを助言する。
⑪読書発表会の練習をしよう。	●発表原稿や１０５ページのポイントを生かして取り組むように助言する。
⑫読書発表会をしよう。	●発表会の代わりに掲示発表や新聞発表に替えてもよい。

ヒント

◎ここでは「読書発表会」を取り上げていますが、「ビデオ視聴感想」、「ＤＶＤ視聴感想」「音楽鑑賞感想」「絵画鑑賞感想」など生徒が興味関心の高い物に取り組むことも考えられます。

メモ

第七章 日本のことを調べて発表しよう
第八章 世界のことを調べて発表しよう

P.106～P.120

指導のポイント

第七章と第八章では、第四章までの学習で身につけた力を生かして社会科の学習等にも生かすことができるように指導を進めることが大切になります。

その際に第七章・八章では、第二章の『**2 新聞を読んでみよう**』『**社説を読んでみよう**』『**4 本を読んでみよう**』、第三章の『**1 言葉について学習しよう**』第四章の『**3 手紙を書こう**』と関連を図って進めることがポイントとなります。

ヒント

P.91～P.99

◎学習を円滑に進めていくためには、まず基礎講座に書かれている事項をしっかりと理解しておくことが大切になります。

◎その他の小さな島々については、沖縄県の島々や面積の広い島、自然に特長のある島、観光地になっている島、最北端、最南端、最東端、最西端の島などに気づかせることによって興味関心を高めることができます。

〈例〉　○日本の大きな島ランキング（本州、北海道、九州、四国を除く）
択捉島、国後島、沖縄島、佐渡島、奄美大島
○よく知られている島（自然や観光等で有名）
伊豆大島、佐渡島、淡路島、屋久島、種子島、小豆島等
○最北端─択捉島　○最南端─沖ノ鳥島　○最東端─南鳥島　○最西端─与那国島

◎四十七都道府県は、さらに「一都一道二府四十三県」に分けられることも押さえておくとよいでしょう。

◎廃藩置県が行われる前までは、現在の呼び方ではなかったことを伝え、歴史の学習や調べ学習に生かすことに繋げることも考えられます。

◎第五、六章で学習した話し合いの仕方、メモの活用方法を生かして、発表会を実施できるように進めていくことが大切になります。

◎日本のことに興味関心を持ち、意欲的に学習を進めるきっかけづくりとして、市販の「都道府県かるた」や「日本史かるた」を活用することも効果的です。

ヒント

P.113

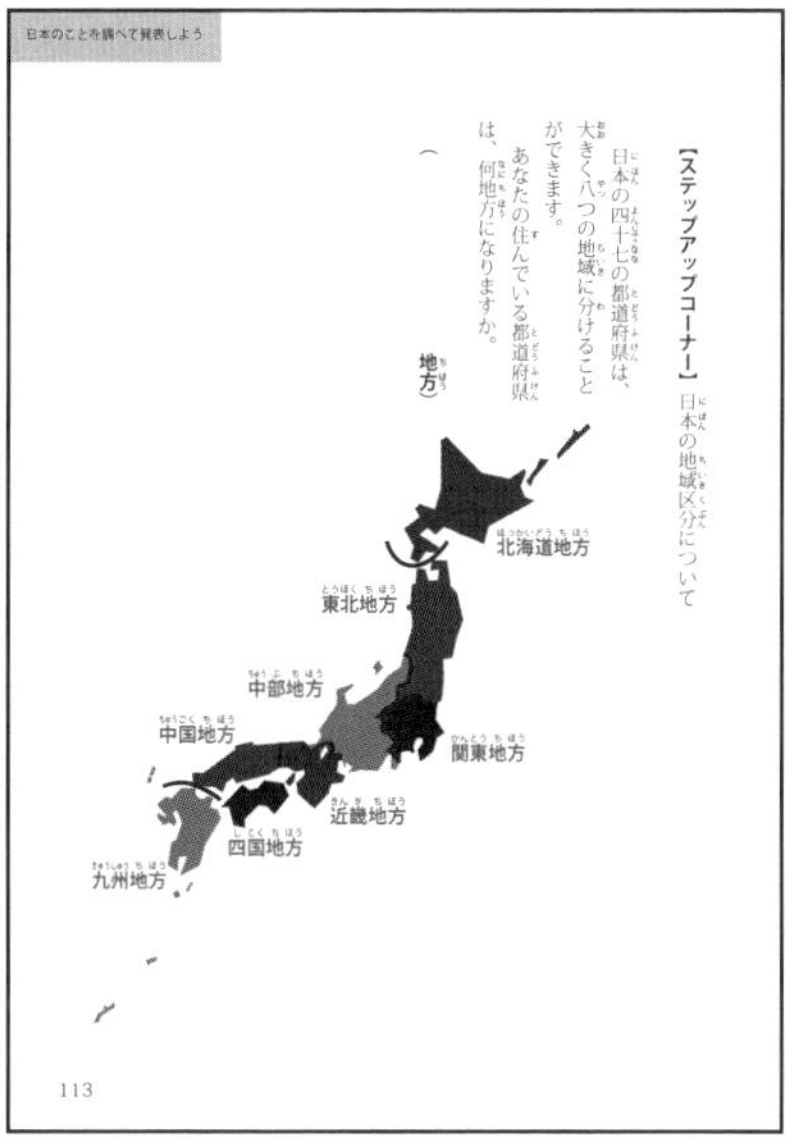
日本のことを調べて発表しよう

【ステップアップコーナー】日本《に ほん》の地域区分《ち いき く ぶん》について

日本《に ほん》の四十七《よんじゅうなな》の都道府県《と どう ふ けん》は、大《おお》きく八《やっ》つの地域《ち いき》に分《わ》けることができます。

あなたの住《す》んでいる都道府県《と どう ふ けん》は、何地方《なに ち ほう》になりますか。

（　　　地方《ち ほう》）

113

◎【ステップアップコーナー】について（113ページ）

ここでは、一般的に使われている「八区分」の学習になっていますが、その他にも「二区分」「三区分」「九区分」や「十三区分」があるので触れておくとよいでしょう。

●二区分

日本列島を東と西に大きく分ける区分法。

東日本と西日本に分けます。東日本で中心となるのは「東京」、そして西日本で中心となるのは「大阪」です。

●三区分

北日本・東日本・西日本にわけて考える区分法。

北日本は（北海道・東北）、東日本は（関東・中部（三重含む））、西日本は（近畿（三重除く））～九州となります。

●九区分

北海道地方、東北地方、関東地方（山梨県を含む）、北陸地方（新潟、富山、石川、福井、長野）、東海地方（静岡、愛知、岐阜、三重）、近畿地方（滋賀、京都、奈良、大阪、兵庫、和歌山）、中国地方、四国地方、九州地方

●十三区分

北海道地方、東北地方（新潟県を含む）、関東内陸（茨城、栃木、群馬、長野、山梨）、関東臨海（埼玉、千葉、東京、神奈川）、北陸地方（富山、石川、福井）、東海地方（静岡、岐阜、愛知、三重）、近畿内陸（滋賀、京都、奈良）、近畿臨海（大阪、兵庫、和歌山）、山陰地方（鳥取、島根）、山陽地方（岡山、広島、山口）、四国地方、北九州地方（福岡、佐賀、長崎、大分）、南九州地方（熊本、宮崎、鹿児島、沖縄）

ヒント

P.120

◎【ステップアップコーナー】について（１２０ページ）

ここでは一般的に使われている「六大州」の学習になっていますが、さらに細かく分けるやり方があります。

アフリカ州（東アフリカ、中央アフリカ、北アフリカ、南アフリカ、西アフリカ）

アジア州（東アジア、東南アジア、南アジア、西アジア）

ヨーロッパ州（東ヨーロッパ、北ヨーロッパ、南ヨーロッパ、西ヨーロッパ）

北アメリカ州、南アメリカ州（カリブ海、中央アメリカ、南アメリカ）

オセアニア州（オーストラリア・ニュージーランド、メラネシア、ミクロネシア、ポリネシア）

この分け方では、日本は「東アジア」に入ります。

◎世界のことに興味関心を持ち、意欲的に学習を進めるきっかけづくりとして、市販の「国旗かるた」を活用することも効果的です。

◎世界にある国の数について（外務省ホームページより）

○日本が承認している国の数は１９５カ国。それに日本を加えた数です。最近では、ニウエ（２０１５年５月１５日）、南スーダン（２０１１年７月９日）、クック（２０１１年３月２５日）を承認しています。

○国連加盟国数は、１９３カ国です。日本が承認している国のうち、バチカン、コソボ、クック及びニウエは国連未加盟です。他方、日本が承認していない北朝鮮は国連に加盟しています。

◎世界のことについてさらに詳しく調べたいときは、次のサイトが活用できます。

外務省ホームページ　http：//www.mofa.go.jp/mofaj/area/world.html

KIDS 外務省ホームページ　http：//www.mofa.go.jp/mofajkids/index

◎五輪、各競技のワールドカップなどから、国の名前を知ることができます。

授業例

◆目標

・日本や世界のことに関心を持ち、テーマを決めて調べようとする意欲を持つ。
・日本や世界のことを調べる方法を知る。
・自分の決めた方法でテーマにそって調べることができる。
・自分の調べたことを発表することができる。

◆指導計画

学習活動	指導の手立て
①「日本（世界）」のことを知ろう。	●地図帳や資料集を活用して基礎講座の問題に取り組むようにする。
②「四十七都道府県（世界の国）」を調べよう。	●自分の取り組みやすい方法を利用して調べるようにする。
③自分でテーマを決めて日本（世界）のことを調べよう。	●110〜112ページ（117〜119ページ）を参考にして取り組むように助言する。
④発表会の準備をしよう。	●これまでの発表会の経験を生かして準備するように助言する。
⑤発表会をしよう。	●クラスやグループで役割を決めて円滑に進行できるようにする。
⑥「ステップアップコーナー」に取り組もう。	●地図帳や資料集を活用して取り組むようにする。

メモ

第九章　自分新聞を作ろう

P.121〜P.127

指導のポイント

第九章は、これまで学習してきた事項を生かして自分のことを振り返り、「新聞」という形で表現することで、今後の進路決定について考える資料に役立てることが大きなねらいとなります。

ヒント

P.121〜P.127

◎「新聞」の作成は初めてとなるので、『**1 自分新聞をつくる手順**』をしっかりと確認し理解してから取りかかることが大切になります。特に「写真」「作文」等の資料の収集は出来るだけ早い時期から行っておくとよいと思います。

◎よい新聞を完成させるためには、作成の計画が鍵を握っています。既習の「自分さがしメモ」の経験を生かして、124〜125ページの「自分取材メモ」を作成するようにしましょう。

◎ここでは「自分」のことを中心に作成しますが、「家族新聞」や「クラス新聞」を作成するのもよいかもしれません。

◎作成する際に、手書きでなく、パソコンを活用しても差し支えありません。

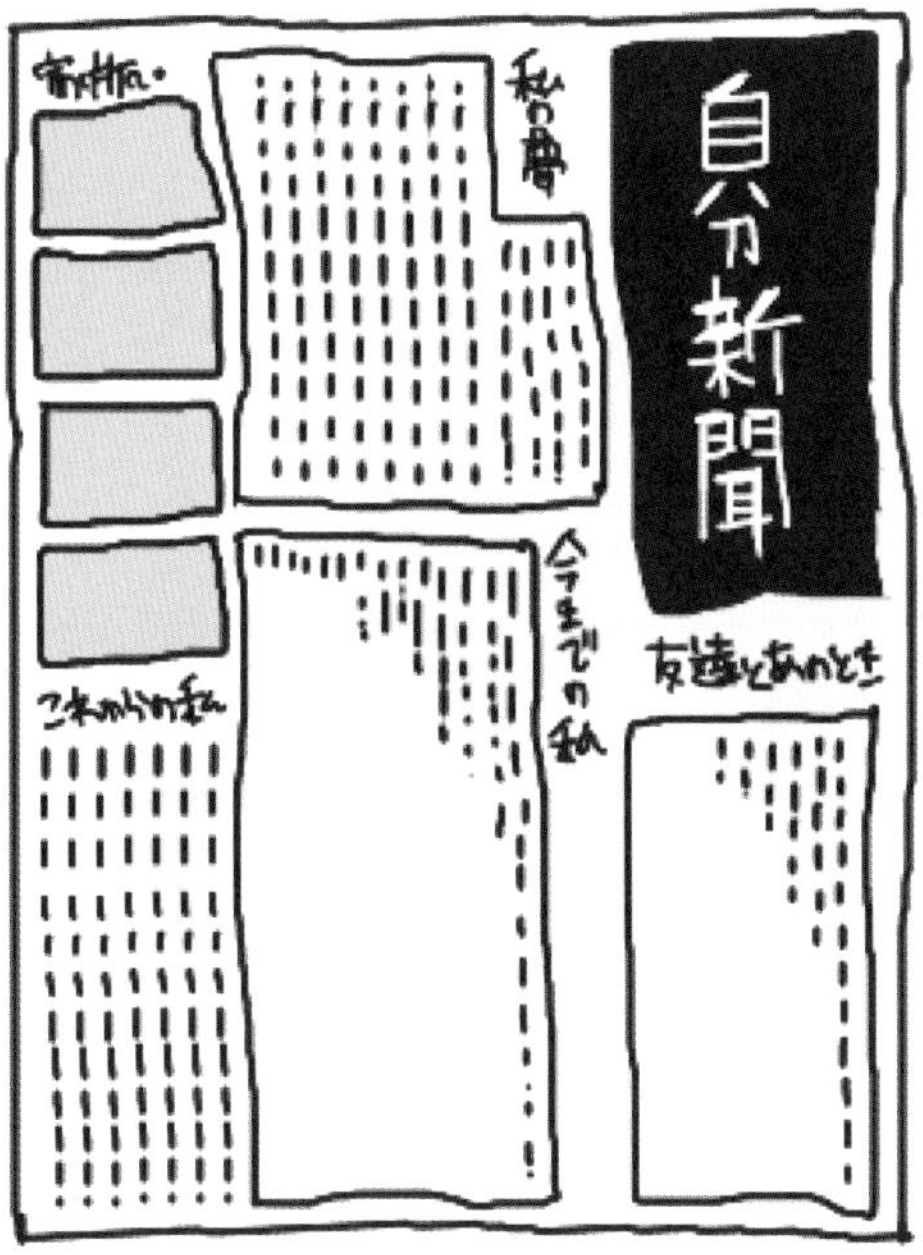

■**編集**　子どもたちの自立を支援する会
代表　千代田義明（埼玉県川越市立富士見中学校）

ひとりだちするための国語ガイド

発行　2018年4月15日　初版第1刷発行
編集　子どもたちの自立を支援する会
発行所　㈱日本教育研究出版
〒153-0051 東京都目黒区上目黒3-6-2 伊藤ビル302
TEL 03-6303-0543　TEL 03-6303-0546
WEB http://www.nikkyoken.co.jp

ISBN978-4-931336-27-8 C7081